悦\老\生\活\荐\读

心灵有约

安守流年幸福长

丛书主编　丛肖南
本册主编　徐　佳
本册副主编　刘淑昱　伊　凤　梁钧松　杨兆南　王阳阳　于春岩　甄艳春

哈爾濱工程大學出版社
Harbin Engineering University Press

图书在版编目(CIP)数据

心灵有约：安守流年幸福长 / 徐佳主编. — 哈尔滨：哈尔滨工程大学出版社，2024. 2
(暮晓：悦老生活荐读)
ISBN 978-7-5661-4315-0

Ⅰ. ①心… Ⅱ. ①徐… Ⅲ. ①老年人-心理保健 Ⅳ. ①B844. 4②R161. 7

中国国家版本馆 CIP 数据核字(2024)第 047606 号

心灵有约：安守流年幸福长
XINLING YOUYUE：ANSHOU LIUNIAN XINGFU CHANG

选题策划 王春晖
责任编辑 张　曦　邹德萍　王丽华
封面设计 李海波

出版发行 哈尔滨工程大学出版社
社　　址 哈尔滨市南岗区南通大街 145 号
邮政编码 150001
发行电话 0451-82519328
传　　真 0451-82519699
经　　销 新华书店
印　　刷 哈尔滨午阳印刷有限公司
开　　本 787 mm×1 092 mm　1/16
印　　张 55. 25
字　　数 780 千字
版　　次 2024 年 2 月第 1 版
印　　次 2024 年 2 月第 1 次印刷
书　　号 ISBN 978-7-5661-4315-0
定　　价 298. 00 元(全 4 册)
http://www. hrbeupress. com
E-mail:heupress@ hrbeu. edu. cn

(本书案例中出现的人名均为化名)

《暮晓·悦老生活荐读》
丛书编委会

序言
Preface

随着社会的进步和时代的发展，老年人的生活品质和幸福感越来越受到全社会的关注。习近平总书记指出：“一个社会幸福不幸福，很重要的是看老年人幸福不幸福。”党的十八大以来，习近平总书记作出一系列重要指示，规划部署国家老龄事业发展和养老体系建设，要“让所有老年人都能有一个幸福美满的晚年”。老年人的精神状态和生活状态，不仅会影响家庭的和睦，甚至会影响整个社会的安定与和谐。让老年朋友们学到自己感兴趣的知识，保持积极健康、乐观向上的精神面貌，这是老年大学的教学理念与社会使命，更是老年大学存在的价值与意义所在。

哈尔滨老年人大学成立于 1984 年 4 月 1 日，是新中国成立后率先成立的老年大学，也是最早开课的老年大学、国家级“示范老年大学”。近年来，学校认真贯彻习近平总书记关于老年教育工作的重要指示精神，积极响应人口老龄化国家战略，把“积极老龄观、健康老龄化”融入老年教育发展全过程，全力打造“开放包容、幸福快乐、有为进步”的高质量综合性老年大学。随着教育教学改革的不断深入，我们对于老年教育内涵的理解也在不断更新。老年大学从带领老年人享受晚年生活、老有所乐，到指导老年人紧跟时代前进的步伐、老有所学，再到引领老年人继续为社会发挥光和热、老有所为，直至关注老年人身心同健，不断增强老年人的获得感、幸福感和安全感，发挥着重要作用。

基于此，在哈尔滨老年教育事业发展40周年暨哈尔滨老年人大学建校40周年之际，哈尔滨老年人大学和哈尔滨工程大学出版社合力打造了一套旨在丰富老年人的精神世界、为老年人排疑解惑、为老年人提供切实有效帮助的系列丛书。这套课外读物，是我们对老年教育理念的具体实践，它涵盖法律常识、心理健康、养生之道以及故乡老味道等多方面内容，它们各自承载着独特的使命。

情法相依：我们邀请专业律师、检察官、法官为老年朋友详细解读与生活息息相关的法律问题，帮助老年人在享受合法权益的同时，学会用法律武器保护自己。

心灵有约：心理的健康能够提高生命的质量。我们关注老年人的内心世界，从多个角度解读老年人常见的心理问题，帮助老年朋友排解内心的困惑与焦虑，使其保持积极向上的心态、拥抱快乐的老年生活。

年轮滋味：生活不仅要有柴米油盐，还要有诗和远方。旧时光里的美好，令人怀念的故乡味道，字里行间流淌着的情感，与美食相关的温暖故事，让老年朋友发现生活中的新乐趣，使其老年生活充满滋味。

百岁生活：知悉百岁老人的养生之道和长寿秘诀。老年朋友能够从中汲取生活的智慧、养生的经验、生命的真谛，找到适合自己的生活方式，让健康长寿与岁月同行。

这套课外读物不仅内容丰富实用，更是为老年朋友献上的一份饱含尊重与敬意的礼物。我在老年教育领域深耕多年，对老年教育这份事业充满着深沉的热爱。生命的长度有限，但生命的宽度却可以无限。这套“悦老生活荐读”系列丛书名为“暮晓”，是我深思熟虑的沉淀，也是捕捉到的灵光闪现。年虽迟暮，但仍志存高远。暮年与青年，夕阳与拂晓，在老年大学的校园里融为一体。“暮晓”最能表达我们对老年生活的理解与感悟，也寄托了我们对老年人的深切情感。希望这套丛书能成为老年朋友的知音与良伴，使他们能够在书中找到属于自己的活力与力量。同时，也希望这套丛书能够成为老年大学与社会之间的一座桥梁，让更多的人了解老年大学的教育理念和历史使命，唤起全社会对老年人生命质量的关注，努力形成关爱、和谐、尊老、敬老的浓郁社会氛围。

这里是一个新的起点，是老年人的，也是我们的，未来的我们会继续充实丛书的内容，与人民同心、与时代同步，在追寻智慧的道路上让更多的老年人找到属于自己的幸福时光！

哈尔滨老年人大学党组书记：

2024 年 1 月

目录

Contents

第一篇

抑郁——未了的哀伤

在生活中，我们或多或少都会经历一些困扰和不开心，很多时候，人们相信时间能冲淡一切。

然而，有些人却并没有摆脱心灵的枷锁，他们在内心深处感到无尽的绝望和孤独……

睡眠障碍、疲劳、乏力、头晕、头痛、胸痛、背痛、腹痛、关节痛以及淋巴结痛等都可能与抑郁症有关，从而严重影响着老年人的身心健康与生活质量。

心理小测

一、PHQ-9 抑郁症筛查量表

在过去的两周里，有多少时间您被以下的问题困扰？（请在合适的地方打“√”）

序号	问题	没有	有几天	一半以上时间	几乎天天
1	做事时提不起劲儿或没有兴趣	0	1	2	3
2	感到心情低落、沮丧或绝望	0	1	2	3
3	入睡困难、睡不安或睡得过多	0	1	2	3
4	感觉疲倦或没有活力	0	1	2	3
5	食欲不振或吃太多	0	1	2	3
6	感觉自己很糟、很失败，或让自己和家人失望	0	1	2	3
7	对事物专注有困难，例如看报纸或看电视时	0	1	2	3
8	行动或说话速度缓慢到别人已察觉，或刚好相反，变得比平日更烦躁或坐立不安、动来动去	0	1	2	3
9	有不如死掉或用某种方式伤害自己的念头	0	1	2	3

注意：打完量表后把 1~9 题的得分加一下，得到的总分如果是 10 分或 10 分以上就可能是抑郁症，需要去医院找专业的精神科或是心理科医生做进一步的检查。

二、老年抑郁量表

选择最切合您最近一周来的感受，请在“是”和“否”中选择相应答案。

序号	问题	是	否
1	你对生活基本满意吗？	0	1
2	你是否已放弃了许多活动与兴趣？	1	0
3	你是否觉得生活空虚？	1	0
4	你是否常感到厌倦？	1	0
5	你是否大部分时间精力充沛？	0	1
6	你是否害怕会有不幸的事落到自己头上？	1	0
7	你是否大部分时间感到幸福？	0	1
8	你是否常感到孤立无援？	1	0
9	你是否希望待在家里而不愿去做些新鲜事？	1	0
10	你是否觉得记忆力比以前差？	1	0
11	你是否觉得像现在这样活着毫无意义？	1	0
12	你觉得生活充满活力吗？	0	1
13	你是否觉得你的处境已毫无希望？	1	0
14	你是否觉得大多数人比你强得多？	1	0
15	你是否感到自己没有什么价值？	1	0

注意：答完所有问题后把每道题的分数加到一起，得到的总分如果大于或等于 5 分，建议您尽快去专业医院找精神科或是心理科医生做进一步的检查。

失眠还是抑郁？

不久前，有位老人给我转发了一篇文章，那是一篇有关老年人怎样才能更好地度过晚年生活的文章。文中的老年人有养花的、有旅游的、有帮着子女带儿孙的，字里行间满是轻松和愉快。读过之后，人们会感到变老好像并不可怕，甚至能拥有一种更好的、更放松的生活。转发这篇文章给我的是一位七十多岁的老太太，她曾患有抑郁症。

上次见到她的时候，她对我说："我的病并没有好，我还是需要药物的帮助才可以安稳入睡，才能开开心心地生活。但是没关系，我就是吃一辈子药也无所谓。感谢你救了我……"

我不禁想起了一年前，她刚刚走进我诊室时的样子。

那是一个门诊日，医院里排队的人很多，大家都在心急火燎地排队等待着。

这时候，一个老太太从门外闯进了诊室，她自顾自地边哭边说："我等了一个小时了，我再也等不了了！大夫，你救救我，我太痛苦了！我已经三天没有睡觉了，我要发疯了！我要是再睡不着，我就去死！"

从她的讲述中我得知，她三十八岁丧夫后便独自抚养三个子女；现在孩子们都成家立业了，去年最小的女儿也离开家乡去外地发展，老太太一个人生活在这个城市，她开始感到前所未有的孤独，吃饭越来越简单，外出越来越频繁。

她尝试用外界的喧嚣冲淡一个人独处的寂寞。但是没有用，她发现自己的情绪越来越差了，对任何事情都提不起兴趣，不爱讲话，经常回忆过去，很悲观，会不自觉地流泪，失眠症状也越来越重。

在连续失眠三天后，今天早上她突然想要结束这一切，这个想法把她吓了一跳："我想，我不能死，如果我死了，别人会怎么想我的孩子？他们都很孝顺，我不能给他们添麻烦。我就想，来看病吧，吃点儿药、睡好觉，我应该就会好起来的。"

经过评估，老人家患了抑郁症，失眠是抑郁症的症状表现之一。对于诊断结果，老人家并没有特别在意，但是我们想让老人家同意服用抗抑郁的药物治疗失眠，却是颇费了一番功夫。

老人家认为自己应该吃睡眠类药物，而不是抗抑郁类药物，她的理由也特别充分："我心情不好，总觉得没有意思，我觉得是自己睡不好觉导致的。我睡好觉，心情就会好，能不能不吃抗抑郁的药？听说这些药有激素，会不会把身体吃坏了？再说了，吃抗抑郁的药后我是不是会越来越兴奋，会不会更睡不着？……"

我没有给她讲更多的大道理，只是告诉她先试试，并做了保证："以后可以随时来找我。"老人家这才真的放下心来。

两周后，老人家在约定的时间来找我复诊，这次她一直在规规矩矩地排队。看到我的第一句话就是感谢，因为她能睡好觉了，心情也好多了，然后就开始问什么时候可以不吃药。在我一番苦口婆心的劝说之下，老人家接受了我的说法："暂时还是要吃药的，吃多久不一定，需要看状态。”

如今一年过去了，老人家接受了需要长期服药的现实，精神状态非常好，基本恢复到发病前的水平了，我也挺有成就感的。

（徐　佳）

【心理医生面对面】

这位老人的情况实际上是一个很典型的病例：年老、丧偶、空巢、缺少人际交流，这些不良刺激都是导致老年抑郁症发病的危险因素。

老年抑郁症的躯体症状外在表现比较多，绝大多数患者会伴有失眠症状。老人对失眠症状特别关注，因此就会出现更为严重的焦虑症状。抑郁之上叠加了焦虑症状会导致老年人出现自杀行为的概率增加，需要亲人及时关注。在治疗过程中，我们要获得老人的信任，给老人以切实有效的帮助，这比对他们讲科学原理更为重要。

感觉“活着累”

有个老太太曾让我印象深刻。那还是在五年前，一位很瘦、差不多是皮包骨的老太太被人用120救护车的担架抬入病房。

她的家人要求很简单：“我妈妈的状态一直不好，她总觉得活着累，常说活着没有意思。近两个月都不下床了，也不吃饭，我们都是硬喂她喝几口粥……我们觉得她可能活不了了，送到您这里给看看，能治成什么样就是什么样吧，死马当活马医！”

这个老太太此前在综合医院就诊，住院一周也没有查出任何疾病，医生认为她身体没有病，应该是精神上有问题，所以建议送来我们医院治疗。

我详细地询问了家属，老太太实际上在一年前就有些抑郁症的表现，但因为她是自己一个人住，所以家人没有发现她的异常，也就没有及时治疗，等到发现老太太很长时间不出门了，给她打电话也接不通了才觉得有问题，这时的老太太就已经到了严重抑郁的阶段。

这个老太太被我们收治住院，治疗了一共六周。我们首先对她的身体进行调理，在保证安全的前提下，酌情应用抗抑郁类药物。

我每天早上到医院的第一件事，就是去查她的房，和她聊聊天，了解她的情况。

慢慢地，老太太可以自主进食了，可以起床了，有力气了，后来她还可以长时间和医生交流了。

通过和老太太聊天，我们进一步了解到，她最早出现抑郁症的症状是在两年前，当时她刚退休，觉得自己从此没有什么事儿可做了，所以就高兴不起来。

“我性格原来就内向，没有什么爱好，也没有什么朋友……老了也不知道应该干些什么。”在她的讲述中，我仿佛看到夕阳中有一位孤独的老人，她总是一个人，寂寞填满了她的心扉。之后，老太太的状态越来越不好，她感觉身体越来越疲惫，做任何事情仿佛都变成了负担，她觉得自己很没用……

经过我们的开导与治疗，老太太的最终治疗效果很好，出院的时候是自己健步走出去的，脸上也露出了久违的笑容。

老太太高高兴兴地出院了，而我还是一直牵挂着她，反复叮嘱家属一定要让老人按时服药、定期复查，而最重要的是家人要多关心她、常回家看看！

（徐　佳）

【心理医生面对面】

老年人的抑郁症经常是在发展得比较严重时才会被发现，所以需要家人更多地关注老年人的情绪变化。老年人一般都患有慢性疾病，而抑郁症会加快其身体器官的损伤，或是使原有的慢性疾病加重，出现“共病”的问题。因此，在对老年人进行心理治疗时，应该优先关注和治愈他们身体上的疾病，使其尽快恢复体力，用药时也应该更加关注抗抑郁类药物的副作用，以及药物之间的相互作用和对原有慢性疾病的影响，以免造成身心的二次损伤。

不敢喝水的大姐

“精神病医院”在非专业人士的眼中，是一个神秘的地方。如今，秉承以人为本的理念，“精神病医院”的名称早已被“专科医院”所取代。而来专科医院就诊的患者，的确都有着自己与众不同的故事和人生。

我就曾接诊了这样一位与众不同的患者：一位害怕喝水的大姐。说是大姐，其实我叫她阿姨也行，她今年六十多岁了。

为了和患者尽快建立起良好的医患关系，上学时内向腼腆的我，现在变得圆滑很多，“嘴巴甜甜的”这招屡试不爽。我的患者经常说“刘医生总是那么热情”，这位大姐也很受用，她说：“我的朋友就是你给治好的，七年都没犯病，现在还上班呢，是她让我来找你的。你看我，就是不敢喝水，一喝水身体就老难受了。”刚一见面，还没等我询问，她就一股脑儿地说出了自己的问题。

根据这一线索，我展开了“侦查”。其实这一症状也引起了我的好奇心，从事精神科临床工作十七年的我一直保持着初心，最初选择专业的时候，就是因为看到心理老师给我们播放的关于精神病院里患者的影像资料，这引起了我的兴趣。当时我就想，这一特殊群体的背后一定有不为人知的故事和经历，我想去了解他们。

我认为，精神科或心理科的患者都有一个现在叫作心理因素的“东西”在他们的内心里作怪，医治患者的时候一定要认真倾听患者或者家属的述说，抽丝剥茧地寻找解决心理问题的方法，而不是单纯地用药物来医治。

“喝水怎么会难受呢?”我和大姐攀谈了起来。

原来大姐多年前生了一个女儿，大姐家住农村，那个地方的人有些重男轻女。婆婆见她生了女孩，很不高兴，虽然嘴上没说什么，但是也没给大姐好脸色看。婆婆刚照顾她几天，就以自己“血压太高”、身体不适为由，回老家休养去了。

大姐自小就没有了母亲，和比自己大几岁的姐姐相依为命，她只好请姐姐来家里帮忙。

遭受了婆婆的冷落，大姐心里总归是不痛快的，也高兴不起来。大姐、大姐的姐姐、大姐的丈夫，三个年轻人看着刚出生的小孩，都束手无策、手忙脚乱，而她丈夫受其母亲的影响也对大姐母女不是很亲近。

“那时候就有些产后抑郁”的大姐只能默默忍受。她姐姐因为年轻，没有带孩子、照顾产妇的经验，只是听人说，生完孩子的女人需要“下奶”，所以三餐之余，她总是逼着大姐喝水，还说只有这样，孩子的奶水才能够吃。

心情复杂的大姐，经常被迫“咕咚、咕咚”地喝一大茶缸子水。

后来有一天，她姐姐有事出门了。她丈夫刚洗几下孩子的尿布，就开始不耐烦地发脾气，还把混着尿液的脏水洒了一地，看到弄脏的地面，他扬长而去……

她姐姐回来后，还是一如既往地盯着大姐喝水“给孩子下奶”。这回，大姐一喝水就开始恶心，她总会想起那洒了一地的脏水，口里含着的水开始难以下咽。

“坐月子还剩十多天的时候，我几乎是不喝水的，孩子也得用奶粉喂养。”后来大姐去了她姐姐家借住，但她还是不敢碰水，从此害怕水的症状就这样出现了。

她能洗澡，但是不能洗头发，要想洗头发就得去理发店让别人给洗；自己洗脸之前得祷告；每次都是特别渴了才喝一口水，而每次喝水之前总感觉心烦，喝水之后能稍稍缓解。

大姐经常感觉心烦、胸闷，头上像是被扣了一张大网似的；她胃胀、易怒、爱发脾气、容易和别人发生冲突；而除了害怕喝水，有时候她还会出现心情不好、高兴不起来、不愿意活动的情况，严重时甚至想“活着没意思，不如死了好”。大姐自己也害怕出现意外，主动要求来医院住院治疗。

我们针对她的情况对她进行了药物治疗、心理治疗和物理治疗。治疗了一个月后，大姐对喝水没有惧怕感了，她的心情也变好了，吃饭也香了，还调侃地对我们说：“我可不能死，还没活够呢！”治疗三个月后，大姐已经可以停药，回家自行疗养了。

（刘淑昱）

【心理医生面对面】

本文中的大姐是一位中老年女性，她是“复发性抑郁障碍”，在产褥期发病，如果产后立即就诊，她的病情不会那么严重。她拖了十年才第一次进行心理治疗，这一方面说明普通老百姓对精神科与心理科的疾病不甚了解，以至于自己生了病都不知道应该怎样医治；另一方面也说明社会对心理疾病还存在一定的疑虑，大姐也自称："不到万不得已咋能上精神病院治病呢，我也不是精神病啊！"

其实，由专业的医生对患者进行心理治疗，这在二十年前是不被人重视的，而现在却成了众人皆知的治疗方式，由此不免带来一些误区：心理治疗可以治愈一切精神与心理疾病。

说实话，无论是心理治疗，还是药物治疗，都要选择一个好时机：抑郁症患者存在明显的自杀倾向和自杀行为时，药物治疗或者是无抽搐电休克治疗为首选，心理治疗次之；而一些人仅仅是轻、中度的抑郁，则可以选择进行心理治疗，而不是药物治疗。掌握好治疗时机，往往会达到事半功倍的效果。

好强阿姨的生活之痛

俗话说："人生不如意之事十有八九。"

的确，人生充满了太多的不确定性。最近我就接诊了一位 67 岁的阿姨。已经退休的她，原本应该含饴弄孙，或是做候鸟一样的老人，冬季飞到温暖的海南，夏天飞回凉爽的东北，但阿姨却得了抑郁症。

我还清楚地记得阿姨被亲人送来住院时的场景。那天，我曾经的一位患者打通了我的电话，电话那边的她声音很是急切，她说："刘大夫，你救救她吧，她要自杀！求求你了！我们打 120 了，现在就去你那儿，她是我老姨。"

阿姨存在严重的自杀倾向，她自己不想治疗，因此被家人强制着，由 120 救护车送来就诊。当时她嘴里一直念叨着："我这病谁也治不好，治也没用，唉！"办理好入院的手续以后，我向阿姨的外甥女了解她的情况。

阿姨年轻时是制衣工厂的一名车间主任，她的性格很好强，一心扑在工作上。单位经常会接到加工校服的活儿，她也总会带领车间的缝纫女工们加班加点地赶制衣服，衣服的质量"没的说"。但她顾得了工作，却顾不了家，这样一干就是十多年，儿子都是丈夫一个人带大的。

“男人带孩子心粗，我哥那时候天天早上背着书包去上学，晚上再背着书包回家。但是我哥初中毕业的时候，学校却说什么也不给他毕业证。校长找到我老姨父，说我哥一共也没上几天学，所以不能毕业，没有毕业证。我老姨父人挺老实的，但也是要强的人，他觉得校长说得也对，回家就总打我哥，我哥因此经常离家出走。而老姨父就像魔怔了一样，我哥一走，他就开始洗衣服，衣服不脏也要洗，要么就擦地，一擦能擦一下午。老姨父也不去上班了，他认为儿子太丢人，是自己没教育好孩子，那段时间他总是失眠，家里死气沉沉的。后来我老姨找到学校校长，硬是把我哥的毕业证要回来了……我老姨要强、人也厉害。老姨父是做瓦匠的，后来就带着我哥干一些零活儿。他们爷儿俩干完活儿，回家就喝点酒再睡觉，一来二去我哥就学会了喝酒。”说着说着她叹了口气。

我知道，想要彻底了解一个患者，不能只知道其表现出来的症状，还要了解症状背后的患者的生活环境以及家庭因素。我仔细询问阿姨的外甥女叹气的原因。

“我觉得我都够倒霉的了，之前得了抑郁症。没想到，我老姨他们一家更是糟心！其实我老姨父带着我哥干点儿零活儿挺好的，但是我老姨父总想把我哥‘带起来’，想让他将来当个包工头儿啥的。老姨父承包了一个小开发商手里的项目，修建楼房。他自己雇了三十多个工人，楼房一天就能砌一层，多快啊！没想到，那个小开发商去澳门赌钱，输得底儿朝天，后来还跳楼了。我老姨父没钱给工人开支，就开始抑郁了，后来落下个强迫症的毛病：总是让全家洗手，洗一遍不行，每次都得洗个十遍八遍的。我老姨领他东看西看的，老姨父也不配合、不吃药，这么多年过去了，强迫症一直没见好……我哥现在一事无成，还学会了喝大酒，我嫂子生完孩子就走了，孩子都是我老姨一个人给拉扯大的。现在老姨家孙子上大学了，学习还挺好的。一直都是我老姨供孩子上学，但是老姨退休后就赚不了太多钱了，只有一点儿退休金，她这是上火愁的！我老姨父也总犯病，我哥也是两天不醉三天早早地，我老姨这么多年撑着这个家，这回也抑郁了，唉！能不抑郁吗，我都替她愁得慌。我妈他们姐妹多，家家日子过得都挺好，老姨要强，不接受大家的帮助，现在时间长了，谁也不顾着他们了，也就我和我妈总惦记他们，但是帮他们也是有时有晌的啊！老姨以前是个要强的人，现在像变了一个人似的，不想见人。我妈去看她，也没话说，还总说活着累。以前一提她孙子，她就可自豪了，因为孙子学习好、争气，但是现在提谁她都没有乐模样。晚上她睡不着，就算睡着了，也是一会儿就醒了，饭也吃不下，人都瘦了一大圈。这两天她总是像交代后事一样，挺吓人的，还不同意来医院。大夫你帮帮我们把老姨治好吧，我们先给老姨治，等给她治好了，让老姨父也来治治！”

每位抑郁症患者的背后可能都有一个心酸的故事，这位阿姨就是这样。

阿姨在外甥女的劝说下勉强配合住院治疗，读大学的孙子陪诊一段时间后，阿姨的病情逐渐稳定。担心孙子总在医院陪护影响学习，她就让孙子回学校上学，自己则继续在医院接受治疗。

几个疗程下来，阿姨的抑郁症有所好转，看到她的表情终于舒展开来，我也放心了许多。

后来，还是出现了一个问题：查房时，她总是说自己的病还没有好，晚上睡眠也不好，几乎整夜都不睡觉。但是听同屋的病友及家属说，她每天睡得都很熟，还打呼噜，她的呼噜声反而影响到其他人的休息了。每到这个时候，她总会委屈地说：“大夫，我真没睡着。”

针对这种情况，我们对阿姨进行了睡眠呼吸监测，监测结果显示，阿姨晚上睡眠质量尚可。后续我们继续对她进行了心理治疗。阿姨住院了二十三天后出院，在医生的疏导下，她能接受目前的睡眠状态了，感觉自己心情好了，没有自杀的念头了，反而担心起独自在家的老伴儿没有人照顾，她笑着说：“老伴儿老伴儿，老来是个伴儿，我得好好照顾老伴儿。”

看着她离去的背影，我们祝福她的生活越来越好，从此能够享受幸福的晚年生活。

（刘淑昱）

【心理医生面对面】

老年人抑郁症发作的原因包括老人病前性格和社会心理因素等，也就是我们看到的，这位阿姨心酸的经历。她个性鲜明、要强，却偏偏人生曲折，丈夫得了强迫症，儿子因管教不力而酗酒成性、家庭破碎，最后阿姨也倒下了……经过治疗，她的病症得到了有效治疗。

在抑郁症的治疗过程中，有个心理现象比较普遍，我在这里需要跟大家特别说明一下：阿姨在一定的心理因素的影响下，认为自己的睡眠无论怎样治疗也不能达到令自己满意的程度，下面我们从专业的角度分析一下她的睡眠监测结果。

报告单上的数据显示，阿姨总的睡眠时间是9小时04分，其中非快速眼动睡眠是7小时40分30秒，一期睡眠是6小时50分，二期睡眠是30分，没有三期睡眠，四期睡眠是20分30秒。

也就是说，阿姨晚上确实是睡觉了，但她入睡困难，存在呼吸暂停现象，浅睡眠占睡眠总量的75.36%，三、四期睡眠为深睡眠，占睡眠总量的3.76%，所占比例偏小。结论为：阿姨存在着主观性失眠（没有睡眠感，与患者的现实压力大有关）；存在呼吸暂停。

老年人深睡眠的比例会随着年龄的增加而减少，这也提示我们一个需要特别注意的事情：失眠的患者，尤其是失眠老人的家人，要格外关注老人呼吸暂停的问题，要及时就医、及时治疗，这样才能让老人拥有一个高质量的晚年生活。

寻找自己存在的价值

海涅说：生命是珍贵之物，死是最大的罪恶。然而，身为精神科的医生，有些时候，我们即使时刻提防着患者自杀行为的发生，却也防不胜防。

刘奶奶是我在三年前接诊的一名普通患者，她无明显原因地出现睡眠不好的症状，而睡不着的时候，她就爱胡思乱想，头昏、心悸、不爱讲话，以往喜欢的太极拳不打了，广场舞也不跳了，她本是个爱干净的人，现在却什么家务活儿也不愿意干了。

因为很多老年人得抑郁症都是由大脑器质性变化引起的，所以我便安排她做了头部核磁。结果显示：腔隙性脑梗死（包括脑干），部分软化灶形成。果然，这就是刘奶奶抑郁症的致病因，而且她的抑郁症是以躯体表现为主，这也是大多数老年人抑郁症的发病特点。

我们按照抑郁症的诊疗方案给药，渐渐地，刘奶奶的抑郁症好了起来，恢复到从前正常状态的七八成，她能做家务，也能去打太极拳了。但是听刘奶奶的儿子给我们的反馈，刘奶奶的精神头儿还是相较以前差了一点儿。

刘奶奶早年丧偶，自己一个人抚养两个儿子长大，日子过得非常不容易。她退休后，依然能保持有规律的生活习惯，有打太极拳的爱好，她贤惠、勤劳，是典型的中国传统女性。大儿子事业有成，在外地工作，非常忙碌；二儿子就在本地，倒是有很多时间陪伴母亲。

她的两个儿子都非常孝顺，大儿子我只见过一面，能看得出，他非常关心母亲；二儿子则更不用说了，非常认可医生对母亲的治疗，刘奶奶每次来看病都是由二儿子陪同，他非常体贴。

这两年每次换季的时候，刘奶奶的情绪都有些波动，使用药物进行治疗，效果也还不错。

突然有一天，我接到刘奶奶二儿子的电话："医生，我妈妈把所有的药都吃了，现在在急诊室抢救呢!"

这通电话着实令我震惊，因为刘奶奶一直以来复诊情况都很好，也没流露出自杀想法，如今却突然做了这样的事。

我急忙问道："大概吃了多少药?""二十多片吧。"好在每次复诊我只给患者开一个月的药量。

被抢救回来以后，刘奶奶又一次住院了。当我们问她为什么吃这么多药时，她的回答是："我也不记得吃了多少药了，也就几片吧。"刘奶奶在这个时候还企图蒙混过关。

我提出了第一个问题："以往的药是否按时吃了?"刘奶奶二儿子的回复是："一直以来都是她自己吃药，我并没有看着。很可能她自己停了药，否则手里不能还有这么多。"

接着，我提出了第二个问题："为什么轻生?"这个问题在我的软磨硬泡下，刘奶奶终于肯说出实情，她觉得自己"活着就是给别人添麻烦，是个累赘"，认为自己现在什么价值都没有了。

可以说，老年抑郁症的最大特点是症状隐匿，早期极难发现，很多患者以躯体表现为主，伴随并不显露的情绪变化。刘奶奶的两个儿子是极为孝顺、细心的，他们很早便发现了母亲的不对劲儿，让母亲接受了专业的治疗。然而，自杀这个念头却一直在病情平稳的掩盖下“潜伏”着，防不胜防。就连我这个有多年临床经验的精神科医生也没有识别出来，好在有惊无险。

有了这次经验教训，我开始要求刘奶奶的儿子看着她吃药，绝不能擅自漏吃药、停药。同时，我开始对刘奶奶进行专项心理辅导，目的是让她尊重生命、理解生命存在的意义，学会积极地面对生活，学会对生命的呵护，学会记录生活中的点点滴滴，学会感恩和分享，最终获得身与心的和谐。

而值得我深思的是，刘奶奶“活着就是给别人添麻烦”的认知到底从何而来？

我们从小就受到积极正面的教育：要成为对社会、对他人有用的人。所以，是不是人们的集体潜意识里就有“我有用，我才配活着”呢？而对于老年人来说，他们面对的是与日俱增的失落感，若把自己的价值观建立在是否有对他人有用之上，那就能说得通了。

我当着刘奶奶的面问她的儿子：“如果你妈妈就这么没了，你会怎样？”

他哭了出来：“妈妈是我的依靠，情感的寄托……”大概刘奶奶也没料到儿子会像一个没长大的孩子一样依赖母亲，她也变得像个孩子一样，“嗯嗯”地直点头。

有了亲情的牵绊，刘奶奶的失落感也许便会不复存在，她会重新拥有曾经丢失的幸福感。

（伊　凤）

【心理医生面对面】

自杀是一种个人试图结束生命的想法或行为。在对自杀行为的研究中，老年人群是一个容易被忽视的特殊群体。与其他年龄层面的人群相比，老年人群中的自杀发生率是最高的。由于对老年人病理性自杀观念的检测和确定存在一定的难度，因此增加了预防老年人群自杀的难度。

老年人的自杀冲动与其心理特征、躯体疾病、社会隔离、神经认知功能等多种因素有关，这些因素常合并存在，相互作用。为了防止及有效干预老年人自杀的发生，需要从多方面进行预防和干预，包括全方位的评估和针对躯体疾病及精神疾病的药物干预与心理治疗等。

而我也是积极地给刘奶奶做了关于生命价值方面的认知调整。虽然抗抑郁药物的应用能减弱老年人的自杀动机，但在使用药物时，还要评估老年人对抗抑郁药物的反应及药物依从性。而且，需要家属有极大的细心看护患者是否按时服药、是否服药过量等，这样便可最大程度地杜绝悲剧的发生。

孤独的奶奶

我们医院里住着这样一群老年患者，他们虽然患有心理疾病，但着实达不到每次必须住院的程度，可老人偏偏喜欢反复来医院要求住院，还对住院“乐此不疲”。“以院为家”差不多成了他们生活的写照。

二十年前，王奶奶才五十多岁，因为更年期的影响，她的心情总是不好，没有兴趣做任何事，打不起精神，心烦难受，坐立不安，且有头昏、出汗、手脚麻木的躯体症状，睡眠时间短，抑郁和焦虑症状同时存在。

这种现象在精神科非常常见，据临床统计，80%以上的抑郁症患者都伴有焦虑症状。

从诊断级别上看，抑郁症比焦虑症相对更重，但是抑郁症患者往往同时会伴有焦虑的症状表现，而焦虑症患者也同样会伴有抑郁情绪，如果都符合诊断标准，则可以做出“共病”的诊断，所以我们医生经常会把这两种疾病比喻成“孪生姐妹”。

当时王奶奶第一次住院治疗以后情况有所好转。此后多年，她几乎每隔两三年便要来医院住院，每次都是由老伴儿陪同。她的老伴儿是一位性格非常温和的爷爷，身体虽然不是太好，但是对王奶奶百依百顺，他们老两口属于妻唱夫和的类型。

王奶奶住院期间其实还发生了一件让我们感到非常内疚的事件。王奶奶病房的天花板上，有一块泡沫扣板不太牢固，有一天，突然掉下来砸到了爷爷，万幸扣板比较小，也很轻，爷爷并没有受伤，但是大半夜突然有东西掉下来，一定是吓了一跳。

两年前，那是爷爷最后一次陪王奶奶来医院住院。那时候爷爷的身体已经非常不好了，脑血管疾病导致他走路需要拄拐，且速度很慢，精神状态也比较差。但即使身体状况这样不好的他，还是耐心地陪王奶奶来看病。

没想到，王奶奶下一次来住院时就变成一个人了。爷爷脑血管疾病过世以后，王奶奶的抑郁症多次复发，近两年，她每年要住六七次院，平均两个月住一次院。而她住院的理由也各不相同：爷爷过世后悲伤抑郁，腰腿痛，前胸、后背发热，睡不着觉，活着难受又想死了，等等，总之住院的理由五花八门。

在家里，儿女们实在没有办法了，就只能把王奶奶送到医院来住上一阵子。说来也奇怪，王奶奶只要住进医院没两天，她的抑郁情绪、各种身体不适的病症就都好起来了。

跟别的患者不同，王奶奶病好了以后是这样要求的："大夫，你可别让我出院，我这回可得巩固好了再出院，要不然下次又该犯了！"然而，王奶奶这话根本没"信用"，不管如何巩固，下一次保证不出两个月，就又来住院了。

我们科里所有的医护人员都跟王奶奶十分熟悉，见她来了，就说："王奶奶又来啦！"她就十分乐呵地回应："我又不舒服啦……"她十分喜欢和别人搭话，跟护士们聊天，跟病友聊天。

她会经常找医生和护士们解决各种问题，什么腰带没收以后，她的裤子太松系不上啦；什么食堂总是供应米饭，她吃不惯啦；什么调整药物剂量以后又有点不舒服啦……我们自然也非常乐意帮她解决这些问题，她也会时常把儿女们给她买的水果、零食跟我们分享。

我越来越觉得解决这些不痛不痒的问题，以及分享信息和零食成了她生活中非常重要的内容，这是她跟外界交流的一种方式，当然，这更是她排解孤独寂寞的方式。

与其说是抑郁症让她住院，不如说是孤独感让她住院。孤独感是一种封闭心理的反应，是感到自身和外界隔绝或受到外界排斥所产生的孤独、苦闷的情感。

一般而言，短暂的或偶然的孤独感不会造成心理与行为的紊乱，但长期或严重的孤独感则会引发某些情绪障碍，降低人的心理健康水平。孤独感的产生，往往是来自某种社会需要得不到满足，或者对社会关系的渴望与现实拥有的实际水平产生差距。

心理学家弗洛姆认为，人也许能够忍受诸如饥饿或压迫等各种痛苦，但却很难忍受所有痛苦中最痛苦的一种——那就是全然的孤独感。

某日下午，我偶然路过走廊的时候，看见王奶奶独自一人坐在椅子上，面对着那间曾发生过板子掉落事件的病房，她的神情非常悲伤。有个成语叫睹物思人，那间病房足以让她回忆起相伴了一生的爱人。王奶奶极度哀伤，她落寞的神情，仿佛无声的哭泣……我没有打扰王奶奶，悄悄地走了。

由于知晓了王奶奶的孤独，我特意跟她的儿女们商量，希望他们能多抽出时间来陪陪王奶奶，减少她的孤独感，也减少一些住院的频次。

我相信她的儿女们都很尽力，她也愿意搬去和儿子住在一起。然而，后来我发现效果甚微，两代人的生活理念、价值观等有太多的不同，导致“被理解”“情感共鸣”这些体验严重缺失。

而孤独感不是人与人之间只要物理空间近了，就能消除的体验，它是一种主观上感到孤立的痛苦体验，不是客观上凭借社会交往数量可测量的感受。

就这样，在老伴儿过世以后，“以院为家”仍然是王奶奶生活的一部分。对于她频繁住院的行为，我们也曾努力劝导过，然而终究是于心不忍，尽管我们都心知肚明，这是她逃避孤独的防御方式，但没有一个人去拆穿。我也曾鼓励王奶奶多发展一些爱好特长，比如听广播、健身等，这些都有一定的治疗效果，但又不能完全消解她的孤独感。

我想，这世界上的大多数人都是普通人，对于孤独感这种体验，恐怕只有少部分人才能将之成功升华，从而体验它的美妙乃至获得某一方面的成功。大部分人，像王奶奶这样，都希望获得亲密感，喜欢那种纷纷扰扰、热热闹闹的生活，喜欢身边既有人烦，也有人解闷的烟火味十足的市井生活。

老年人究竟该如何体面地安放自己的孤独呢？如今，这也成了精神卫生服务领域中相当重要且亟须讨论和解决的问题。

（伊　凤）

【心理医生面对面】

“孤独”最早是由弗洛伊德提出的，他认为个体的内心体验因感受到孤独而发生改变。孤独感可在各个年龄层次出现，但在老年期较为严重。美国著名精神病学家埃里克森也曾提出人的八阶段发展任务理论，在老年期的心理发展任务即是获得完善感、避免失望。其中重要的内容包括适应配偶的死亡，建立属于同年龄的归属感，避免孤独。

孤独感往往作为抑郁的危险因素，与大脑中情感加工的相关区域有关，而这部分区域对老年抑郁症的发生起着重要作用。

老年抑郁症是已被世界公认的重要的公共卫生问题，但是目前我国大部分年轻人工作压力大，养老负担重，加上两代人间的代沟等问题，致使老年人的孤独感无处安放。而我国目前的养老机构又缺乏专业的精神专业医护人员，大部分机构都是护工在照料老年人，但护工缺乏精神类医学常识，对老年人不能做到全方位的身心照料。希望将来养老机构能够招募专业的精神科医护人员，提升老年护理工作者的心理照料能力。

真心希望“以院为家”的老人们都能幸福安康，安享晚年，获得归属感，不再孤独。

心灵对话

勇敢地战胜抑郁

老年抑郁症是一种危害老年人身心健康的常见病，它是指首次发病在六十岁以后，以显著而持久的抑郁心境为主要特征的精神障碍疾病。老年抑郁症患者具体临床表现在情感障碍、思维障碍、行为障碍和躯体症状等方面，并由此导致患者在心理、生理和生活等方面出现效率下降、功能降低和能力退弱等状态。

据世界卫生组织统计，患有抑郁症的老年人占老年人口总数的7%~10%，患有慢性疾病的老年人，其抑郁症的发生率更高。抑郁症不仅给老年人带来痛苦，也给家庭和社会带来无尽的困扰与沉重的负担。

抑郁症的致病因

老年抑郁症的发生与老年人心理、生理特点有关，如老年人患有多种慢性病，这带给他们身体上的痛苦和精神上的压力。随着年龄的增长，老年人生活能力下降，对家庭成员的依赖性提高，也更需要亲人的帮助。因害怕长期生病拖累家人，他们常感内疚和自责，因此会产生悲观、厌世等情绪。

一些老年人因丧偶后生活孤单无助，没有依靠，情绪低落，少言寡语，患抑郁症的概率明显增加。

还有些老年人未做好离退休的心理准备，离开工作岗位后，社会角色发生变化，社会活动减少，从而产生失落感、孤独感。老年人由于缺乏兴趣爱好和适宜的社交活动，内心受到压抑，这让他们情绪低落、沮丧，甚至有的老年人伴有癔症和妄想，或者伴有明显的睡眠障碍和躯体症状，很容易产生焦虑和忧郁。

重视沟通与心理疏导

要重视对老年抑郁症患者给予心理上的支持与疏导。有效的心理干预，不但可以改善老年人的生活质量，还可以降低老年人的死亡率，同时对促进老年抑郁障碍的康复起着重要作用。

要让老年患者倾诉自己的痛苦和烦恼，释放内心的压力，并对他们述说的痛苦表示认同和接受。在他们倾诉的过程中，我们要积极分析他们的心理状况和行为，以便有的放矢地为其做好心理疏导。

对因丧偶、亲人去世或患不治之症等突发事件而悲痛欲绝者，要让他们尽情发泄，对其述说甚至痛哭流涕，均不加以劝阻，等他们心情平静后，再给予疏导。鼓励他们面对现实，尽快走出痛苦的阴影，激发他们重新生活的信心和勇气。对自卑、自责、性格内向，且不轻易披露自己内心矛盾的老人，可引导他们以写日记的方式将自己的矛盾和痛苦宣泄出来，我们再从日记中了解他们的心理状况，从而进行有效的心理疏导，化解心理问题。

常用的心理治疗方法

有效的心理治疗一般是短期、限时的，注重当前问题的解决。治疗的目的是消除症状，而不是改变老人的个性。认知疗法、行为治疗、人际关系治疗和心理健康教育是比较常用的心理治疗方法。

1. 认知疗法

老年抑郁症患者往往认为自己面临的问题永远不会得到解决，而一旦他们在生活中遇到不如意的事情，便会过度扩大化，认为自己在所有方面都没有希望；当坏事发生时，他们会夸大错误，责怪自己；当好事发生时，他们便认为这只是幸运。

他们不知道珍惜好事，反而更倾向于关注坏事，还反复琢磨坏事的成因。

认知疗法的目的是帮助老年抑郁症患者识别那些扭曲的负面想法，纠正其潜在的不合理假设和信念，鼓励抑郁症患者重建他们的思维方式，并从失败中站起来，理解和相信生活中会有好事发生。

这种心理治疗的好处是：一旦生效，他们将受益终身，减少复发。

2. 行为治疗

老年抑郁症患者往往不愿外出与运动，他们经常坐在那里反复思考自己的问题。

行为治疗旨在识别和改变可能导致抑郁或持续抑郁的行为。

行为治疗包括：制订活动计划、社交技能培训、指导解决问题、制定治疗目标等。

这些方法可以终身受益，因此它们也可以减少抑郁症的复发。

3. 人际关系治疗

人际关系治疗旨在了解和解决一个或多个人际关系方面的困难，这些困难包括：角色冲突、社交技能缺乏、悲伤反应延长或角色转变。

人际关系治疗能给予老年人耐心的安慰和疏导，消除不必要的顾虑和误解，动员自身防御功能，帮助其克服困难、冲破逆境，将社交环境中的不良因素降到最低，培养乐观性格，增强老人的自尊心和对生活的信心，消除老年抑郁症患者的失落感和悲观情绪。

4. 心理健康教育

在所有有效的心理干预方法中，对老年抑郁症患者、患者家属或照顾患者的人进行适当的心理健康教育是非常必要的。

如果患者不了解自己的问题和治疗计划，就很难有效地配合治疗。

心理健康教育能够让老年抑郁症患者更好地了解自己的疾病，有效控制自己的不良情绪，减少老年抑郁症患者的无助感，增加其幸福感，进而改善其心理状态。

心理健康教育主要强调的是：抑郁症是一种疾病，而不是人的缺点或性格缺陷；大多数抑郁症都能恢复，治疗抑郁症的方法有很多，治疗后抑郁症可以改善；患者及其家属可以学会识别抑郁症复发的先兆，从而尽快治疗，这样能大大降低发作的严重性。

老年抑郁症患者的家属或看护者可以从几下几方面对老人进行

心理干预，这样可以大大提高老人治疗的依从性，使其早日康复。

(1)每天要定时饮食，进行日常活动。

(2)未经医生同意，不得擅自停药。如有问题，要及时联系医生。

(3)老人的不良反应会慢慢减轻。

(4)老人的病情需要2~3周才能好转。

(5)当老人感觉好转时，不要停止服药，否则抑郁症会复发。

我们要鼓励老年抑郁症患者在心理健康教育的过程中多提问，督促他们积极参与治疗。这样，他们就可以学会有效地控制自己的抑郁症，从而减少抑郁症对自己及家庭的影响。

老年抑郁症患者的家属或看护者要积极参与到心理健康教育之中，这样才能更好地了解老年抑郁症的发病情况，从而给予老人更多的理解、帮助和支持。

第二篇
焦虑——迷失的自我

焦虑症状一般有两种表现：情绪的焦虑和身体的焦虑。情绪的焦虑是人们对未来可能发生的、难以预料的某种危险或不幸事件产生的过激反应，通常会感觉紧张不安，有恐惧的情绪体验。

身体的焦虑则表现得更为复杂，如搓手顿足、不能静坐、不停地来回走动、无目的的小动作增多，以及肌肉酸痛、紧张性头痛、肢体震颤甚至语音发颤等都是焦虑症的表现。因为这些症状都是身体上的不舒服，人们就会认为是身体出了毛病，一般会去综合医院检查，所以很多患者都是由综合医院转诊到专科医院的。而很多焦虑症患者并非就诊一次就成功转诊，特别是本身便患有慢性疾病的老年人，往往会因此延迟诊断，耽误治疗时机……

➡心理小测

广泛性焦虑量表(GAD-7)

在过去的两周里，您被以下问题所困扰的频率是多少？（请在合适的地方打“√”）

序号	问题	完全没有	有几天	一半以上时间	几乎每天
1	感到不安、担心及烦躁	0	1	2	3
2	不能停止或无法控制担心	0	1	2	3
3	对各种各样的事情担忧过多	0	1	2	3
4	很紧张，很难放松下来	0	1	2	3
5	非常焦躁，以至于无法静坐	0	1	2	3
6	变得容易烦恼或易被激怒	0	1	2	3
7	感到好像有什么可怕的事会发生	0	1	2	3

注意：打完量表后把 1~7 题的得分加一下，得到的总分如果是 10 分或是 10 分以上就可能是焦虑症，需要去医院找专业的精神科或是心理科医生做进一步的检查。

为儿女操不完的心

有人说，“老人的幸福是安度晚年，不再为儿女操心”，然而并不是每一位老人都会如此幸运。

我曾接诊过一位老奶奶，其实一开始来看病的是她的丈夫。四年前，老奶奶的丈夫得了惊恐障碍(急性焦虑障碍)，每次发病时便心慌气短、大汗淋漓，总觉得自己快死了，但他去医院检查却查不出任何问题。老奶奶也受到了丈夫的影响，每次丈夫犯病，她都跟着提心吊胆。然而，这还并不是压倒这位老奶奶的最后一根稻草。

两年前，老奶奶患有双相情感障碍的儿子在外地再次发病了，他要卖掉房子挣大钱，还在大冬天离家出走，所幸后来被警察送回了家。

儿子刚出走的时候，老奶奶从女儿和警察的通话中听到了只言片语，然而仅知道一点儿信息的她更加着急，知道儿子失踪了，她就开始胡乱猜想，任凭自己想象得越来越恐怖，她一下子就像丢了魂儿似的。

听她讲述，她苦命的儿子大学毕业以后在家乡找到了工作，成家立业，然而某天儿子出差回家却发现媳妇出轨了。

老奶奶叹口气说：“我这儿子懦弱，有气只能打掉牙往肚里咽，敢怒不敢言哪!”

后来，经过我的开导，她也认识到这或许是件好事，假如儿子不顾一切地动粗，那非闹出大事儿不可！后来，儿子便哭着对她说：“妈，我不能跟她过了，我要离婚。”

对儿子的这一决定，老奶奶可谓是相当支持。然而离婚后不久，儿子就抑郁了，被戴“绿帽子”的阴影一直笼罩着他，让他不停地自我怀疑，否定自己，甚至想死。

老奶奶一直替儿子担心，儿子自己带着孩子生活，老奶奶也一直帮衬着儿子和孙子。等孙子考上了大学后，儿子因单位效益不好而离职，去北京打工。好在老奶奶的儿子有学历，加上喜欢钻研计算机技术，很容易就找到了一份做计算机硬件的工作，挣了一点钱。

然而，好景不长，不知为何儿子突然扬言自己能挣一百万，整个人狂得不行，到处吹嘘炫耀。后来，他被诊断为“双相情感障碍”。得了这个病的人，抑郁的时候想死，躁狂的时候就到处惹事。他也去了各大医院治疗，但病情时好时坏。

这些年来，老奶奶可谓是为儿子操碎了心。之前她身体还好，能够做儿子的后盾，给儿子撑腰，帮儿子拿主意，而如今已经七十六岁高龄的她患有耳聋、高血压、脑梗，越来越力不从心了。因此，当得知儿子失踪的消息后她就更心急如焚，感觉自己的天都要塌了。

虽然儿子后来被找回来了，但老奶奶的症状一直没有减轻。她总感觉嗓子里像有一块棉花似的，而去耳鼻喉科检查却并未检查出异常。

其实，这种症状在精神科叫作“癔球症”，是一种特殊形式的咽下困难，患者会经常做吞咽动作以求解除症状。

此病并非喉咙有了器质性病变，而是由精神或心理因素导致的咽肌或上食管括约肌功能的失调，是一种精神或心理疾病，绝经期妇女较多见，多发于焦虑症和抑郁症的患者。

得了“癔球症”的老奶奶，开始时还只是心慌、出汗、口干，后来呼吸急促、前胸后背发热、四肢腰背酸痛、坐立不安，这些症状很快接二连三地出现了。

她每天不停地担惊受怕，逐渐地从只担心儿子的事情，到什么事情都开始担心了：女儿下班回家的路上她担心女儿发生意外；自己的手蹭破点皮也担心会因破伤风而丧命……她似乎总有一种大难临头、危险迫在眉睫之感。

其实，老奶奶自己也说不清究竟在担心什么，引发焦虑的事情越来越微不足道，甚至捕风捉影。与其说是某个不值得提的小事引发她的焦虑，不如说是焦虑情绪一直在寻找一个理由牵强的突破口。

这种焦虑的情绪不与任何确定的生活事件或处境相关联，在精神病学中被称为“自由浮动性焦虑”或“无名焦虑”。这也是焦虑症患者的病态的焦虑与日常生活中人们遇到压力后出现焦虑的最大的不同。我果断地确定了，她已经患了焦虑症。

其实，原本她是陪着丈夫看惊恐障碍这个病的，而我在详细地询问她的现病史、家族史、个人史后，竟引出这么多背后的故事，令我也颇感意外。

然而，还有一个令我更意外的事情，这位老太太其实耳聋得很严重，她平时跟人交流时常常因为听不清而“啊？啊？啊？”地发问，引得别人非得趴在她耳朵边上大声喊才行。

但那天她跟我“倒苦水”的时候，泪眼婆娑地一边回忆一边诉说，当时她的精神很专注，我讲给她听的关于“认知歪曲与调整”的话她都听见了，并且给了我很好的反馈，当时她似乎并不耳聋。

这种神奇的现象我后来仔细琢磨了一下，或许有两种可能：

第一种可能，她的耳聋是神经性耳聋，也是一种心理自我保护机制，耳聋能帮助她逃避外在烦心事的困扰。潜意识里她不想听那些说烦心事的声音。

第二种可能，耳聋确实有一部分器质性原因，然而，当一个人特别专注的时候，常常会“入戏”——注意力高度集中，大脑处于阿尔法波状态，那是一种催眠状态，人大脑的潜能会更多地被开发出来，连“千里眼”“顺风耳”这种神奇的事情都有可能发生，那为什么耳聋不能暂时好转呢？要知道，那些痛苦的家事正是这位老奶奶最大的心结，也是此次焦虑症发作的诱因呢！

经过我们对她进行系统的药物治疗、物理治疗和心理治疗，老奶奶的焦虑情绪逐渐缓解，后来她和丈夫一起出院了。

由于我细心的治疗，老奶奶很信任我，又把儿子介绍过来让我治疗。目前他们一家的病情都已经稳定了，出院以后还需要服药进行巩固治疗，我特意叮嘱他们至少一个月复诊一次。

（伊　凤）

【心理医生面对面】

老年焦虑症的病因很复杂。在这个病例中的危险因素体现更多的是：年老、躯体疾病、绝经期妇女，以及家族成员精神疾病导致的心理能量上的匮乏。这些都是诱发老年焦虑症的危险因素。

系统的药物治疗是必要的，目前大多数的抗焦虑药物是通过调节大脑神经递质，帮助患者快速缓解心理焦虑和躯体焦虑症状。

此前，一般人认为老年人做心理治疗难度很大，因为他们的性格已形成，加上多数老年人患有脑梗、耳聋等躯体疾病，神经的可调整性、可塑性很差，医生想重新建立他们的认知观念难度也很大。

但在这个病例中，我想也不完全是这样的。老年人也许不适用于多么复杂、精湛的心理治疗技术，然而，倾听、共情、积极关注、适时的情感反馈，这些基本的心理治疗技术还是非常有利于患者康复的。

“有时治愈，常常帮助，总是安慰”是每一位医生的座右铭。

“被理解”这种感受会提升一个人的存在感与整合感，增加精神的力量。深度的共情本身就带着强大的治愈的能量，医生通过与患者的共情，也更容易建立医患间的信任关系，为后续的治疗增强了依从性。

警惕！这可不是更年期

2019 年，“中国精神卫生调查成果高峰论坛”发布了首次全国性精神障碍流行病学调查结果：中国成人任意一种精神障碍(不含阿尔茨海默病)的终身患病率是 16. 57%，从病种来看，焦虑障碍患病率最高，12 个月患病率为 4. 98%。

随着工作、学习压力的逐渐加大，“焦虑”这个词越来越多地出现在我们的日常生活中，下面我就给大家讲一个老年焦虑症患者的故事。

李大娘今年六十一岁，有十多年的病史。她五十岁退休之后，就感觉心烦难受，总是莫名的心慌，情绪也变得不好，有一点儿小事就想发脾气，事后自己都会感觉很奇怪：明明是没有必要生气的事儿，但就是控制不住自己的情绪。

慢慢地，李大娘开始夜间睡眠不好，入睡特别慢，每天在床上翻来覆去睡不着，然后就会更加心烦，而即使是睡着了，睡眠质量也不高，整夜做噩梦。

李大娘一直以为自己是到了更年期，便服用了很多调理更年期的药物，包括中药和雌性激素，效果始终不好。

一次偶然的机会，她从邻居那里听说吃艾司唑仑能治疗失眠，于是就开始擅自服用药物。一开始服药后，她的睡眠情况还真的改善了，她就每天都服用一片艾司唑仑。

但是，随着服药时间的延长，治疗效果越来越差，之前每天吃一片就能睡着，现在每天吃两片甚至三片也睡不好，有时候前半夜吃一片，后半夜吃一片，每天也就能睡两个小时。

李大娘的情绪始终不高，每天都感觉心烦难受，她跟家人说，能听见自己心脏“怦怦”跳的声音，感觉心就像悬在空中，不能落地，特别是躺着的时候感觉更加严重。

李大娘的心情也开始变坏，总是烦躁、发脾气，经常跟家人发火，严重时坐不住也站不住，只能靠在房间里不停地走动来缓解。她说，只有不停地走才能感觉舒服点。

她还感觉自己的脸部皮肤还有后背肌肉发麻，浑身出虚汗，腿部肌肉控制不住地颤抖，家人领着她去医院检查腿部骨骼、血管，均未发现异常。

后来，李大娘在综合医院医生的建议下来到了精神科门诊。开始的时候她特别怀疑，问：“我就是睡眠不好，为什么要带我去精神科呢，是不是看错科了呀？”她觉得自己没有精神疾病，只要睡好觉了，就全都好了。

来到门诊后，我们对李大娘进行了详细的精神检查，包括情绪量表筛查、神经递质检查、红外热像检查等，检查结果是：李大娘存在明显的焦虑情绪。

起初，李大娘承认自己的焦虑情绪，也承认自己的睡眠问题，还承认身体上有不舒服的各种感觉，但是她把这些症状都归咎于自己的睡眠问题，一直反复地说：“如果睡好觉了，我就都好了。医生，你给我开点儿管睡觉的药就行，你只要能让我睡觉就行。别的我都没啥事，其他科室的医生都给我检查了。你就给我开点儿安眠药吧，我现在吃的这个艾司唑仑不好使了，得换一种药了。”

考虑到李大娘的病情，以及她对疾病的认知情况，我们给予李大娘及家属详细的疾病宣教，告知她，失眠只是焦虑症的附加症状，治疗失眠对于她来说只是治标不治本。

我拿树干和树叶举例子，焦虑就是这个疾病的树干，而失眠、心烦等躯体症状就相当于树叶，我们在治疗过程中只有把树干治好了，这棵树才会茁壮生长，树叶才会茂盛。反之，如果我们只针对树叶进行治疗，那么不管付出多么大的努力都是徒劳的。

最后，在我们和家属的耐心劝说下，李大娘抱着试试看的态度接受了我们的建议，进行了系统治疗。

入院后，我们给予李大娘的治疗包括口服药和物理治疗。因为她的病情相对来说还是比较特殊的，不仅存在焦虑情绪，而且存在物质依赖、药物滥用等问题，所以在治疗过程中我们逐渐减少安定类药物，防止她出现严重的戒断反应。

李大娘的睡眠问题很快得到了解决，每天都能睡六个小时以上。虽然睡眠好转，但是她有时还是会感觉心烦，身上不舒服的感觉也还是存在，这也进一步印证了之前我们对她病情的解释：失眠只是焦虑的一个症状。

后来，李大娘完全信任了我们，继续安心住院接受治疗。治疗一共持续了三周，她的精神状态才完全恢复正常。

出院前，李大娘的情绪、身体不适、睡眠、饮食等问题都有了明显好转，整个人仿佛一下子年轻了好几岁。

（梁钧松）

【心理医生面对面】

其实，大多数中国人，尤其是老年人，都不善于表达自己的情感。即使他们存在焦虑与抑郁的症状，也不会主动去跟家人说明自己的情绪问题。

老年人大多只会说一些躯体上的症状，比如自己睡眠不好、饮食不好等。所以，在生活中，当家里的老人跟我们诉说他们睡不好、没有胃口，或者身体不舒服的时候，在排除了器质性疾病的同时，大家千万要想一想，老人是不是情绪上出了问题。

当我们处于不良情绪的时候，身体就会出现各种不适症状，比如头痛、心慌、失眠、厌食等。我们只有及时帮助家里的老人找到致病的根源，才能让他们得到最及时、最有效的治疗。

有多少爱可以重来

这世间，有多少爱可以重来？

有人说，是真爱就能重来，因为俗话说“浪子回头金不换”，先前的分开只是考验，离婚也可以复婚；也有人说破镜难圆，覆水难收，感情被伤得深了就发生了质的变化，没办法重来。眼下，我要讲一个关于感情能否重来的故事。

几年前我接诊了一位大叔，他说自己两个月前就开始失眠，整夜不睡的那种。伴随着失眠而来的，还有大量的后悔、不甘、委屈的情绪。很快，这种状态将他压垮，没多久他就出现了心慌、气急、胸口憋闷、出汗等一系列自主神经功能紊乱的症状，同时他还经常无端地恐惧害怕，经常坐立不安。最终他承受不了了，来到了心理医院寻求帮助。

失眠时间久了，大部分患者都会出现焦虑障碍，这在临床上是比较常见的，我建议他先服药。

他说，吃药可以，但是一定要求我定期给他做心理治疗。因为他有充分的理由认为，自己的失眠和焦虑都是在一件“悔不当初”的事情之后发生的。

当时我作为住院医生，每天事情很多，像那种非常系统又正规的心理治疗因为需要地点、时间等各种严格的限置，其实我并不会主动采用。但由于这位大叔非常明确地提出这种要求，而我基于他那强烈的治疗动机和急切的心情，还是应承了下来。

但我也有要求，那就是他需要先服药一周后再进行心理治疗。我这样要求是有充分的理由的，大部分患者明确地知道自己是有心理问题的，但是来就医的时候，患者由于连续失眠和极度的焦虑，思维反应已经不是很灵活和敏捷了。而以大叔目前的状态，他是没有办法静下心来思考，以及听我给他分析心理问题了，所以当务之急是先解决他的睡眠和焦虑问题。

一周之后，大叔在药物的帮助下睡眠和情绪问题得到了一些改善，但并没有完全好转。按照我们之前的约定，我开始给他做心理治疗。

大叔目前是退休返聘的状态，工作不是很忙，收入也不错，他本来过着丰衣足食、婚姻幸福的生活。然而令他整夜不眠和焦虑的原因是：他刚刚“被离婚”了。

他结婚得比较晚，妻子比他略小，由于两人结婚时年龄都较大，所以并没有要小孩，不过这并不影响他婚姻的幸福。他的妻子是做生意的，挣的钱比他还多。

“她是一位非常热爱生活又很有自己想法的知性女人。”大叔毫不吝啬对自己妻子的欣赏。不，现在应该叫前妻了。

“她经常会发现某个好玩的地方，又会发掘新的做菜方法，我不像她那么有想法，但我愿意配合她做各种尝试。这些年我们的生活非常精彩而美好。”大叔说着，拿出手机要求我看一张照片。

为了不打消他的倾诉欲，我看了一眼，照片中的夫妻二人好像是在云南的某地旅游，都穿着民族服饰，站在一起面带微笑，感觉非常幸福。

“那怎么会离婚呢？”我提出疑问。

“都赖我，我出轨了。对方是一个二十多岁的女孩，她跟我好的时候已经有未婚夫了。这些我都知道，我们的交往是在以不打扰双方的感情生活为前提开始的。我们好了半年，这半年我们一有时间就约会，双方都做得很隐蔽。”他讲到这儿又停顿了，拿出手机给我看照片。

照片中一个穿着热裤的青春气息十足的女孩子坐在他的奔驰车的副驾驶上，涂着红色指甲油的双脚交叉着肆意地搭在汽车的操控台上，手中捧着零食，无所顾忌地看向镜头，恃宠而骄的得意样子简直快要溢出屏幕。

大叔说：“她很有青春活力，非常吸引我。但相处久了，我也感觉我们不合适，有时候我觉得自己特别像她父亲。”

真令人难以想象，年龄相差如此悬殊而彼此都有情感归宿的两个人竟还藏着这样一段不伦又隐秘的情感。这位大叔头发已白了一半，确实能当那女孩的父亲了。

无从得知为何一个妙龄女孩要冒着如此大的风险和一位大叔在一起，或许我可以猜测她可能有恋父情结。但同样令人难以捉摸的还有眼前这位大叔，他既然深爱着自己的妻子，为什么又要做伤害她的事情呢？婚姻是一种承诺，倘若要肆意恋爱，为什么要结婚呢？

“难道因为她比你妻子年轻？比你妻子有青春活力吗？”当我抛出这个问题的时候，大叔把两手摊在膝盖上，愣愣地看向我，一句话也说不出来。

大叔在心理咨询的过程中有大量的倾诉欲和分享欲，不难想象，曾经是单位干部的他，这样一件隐蔽又丢面子的私生活事件，除了在咨询室里跟我这位心理医生倾诉外，他再找不到任何出口了。

“那天我妻子要出差，我赶紧给女孩发了信息，叫她一会儿过来。以前我们也有过这样的事，已经是默契了。结果没想到正当我们渐入佳境时，我妻子回来了。她发现这样的事，气坏了，威胁我说，要不去民政局离婚，要不就闹到我单位，要把我的风流事抖搂出来。她真了解我，抓住了我爱面子的弱点，我虽不想离婚，但耐不住她的威胁，办了离婚手续……现在我后悔死了。”大叔说到这儿的时候，懊恼地垂下了头。

在这儿，我插一句，当时我国的婚姻法还没有离婚有“一个月冷静期”这样的规定，若是有，很可能大叔就不必如此痛苦，而我们也不一定能相识了。

“后来，我感觉我妻子可能很早就怀疑我了，说要出差，很可能只是一计。她非常聪明，当时我可能过于沉浸在自己的快乐中，不知道哪里露了马脚。”大叔回忆着。

“房子是她的，我不过是搬了出去。我的那辆奔驰，是花我的积蓄买的，当时为了表示爱她，登记在她的名下，现在被她收走了。财产损失虽然让我很心疼，但我现在更想和她重归于好。”

说着，他又给我看了几张照片，是他在某一楼道里随意拍的，透过这几张照片我隐约感受到大叔大概是经过了“求和，等待，后悔，无奈，绝望”的种种复杂心境。其中有一张是他的面部特写，我至今印象深刻，他似乎是正在哭泣，本已是头发花白的小老头却像一个小男孩般委屈和无助，非常可怜。

“你现在还去找她，还跟她联系吗？”我接着询问。

“为了挽回她，这两个月我被自己折磨得人不人，鬼不鬼的，折磨到医院来了。我做了各种尝试，没用。她下狠心了，我发了无数信息她都不回，后来把我拉黑名单了。我现在彻底绝望了。好在有你的药，否则我现在已经疯了。”

“那个女孩呢？发生了这样的事，她没受影响吗？”我问。

“发生那件事后她很快结婚了，她的未婚夫应该不知道此事。现在她不联系我的话，我也不会主动联系她。虽然我现在状态很糟糕，也不想破坏她的生活。”这个回答有一点令我有些意外，在这件事情的处理上大叔倒显得很有分寸。

大叔在我这儿进行了好几次的心理咨询。大多是诉说他的孤独、无奈，有生活大不如从前的失魂落魄。他上班时也无精打采，经常请假。

我一边鼓励他继续工作，一边帮他转移注意力，激发他思考，帮他调整认知和行为。经过多次心理咨询，他似乎仍不甘心，还想再去前妻家的楼道里等待，被我劝阻了，因为再这样下去的话，恐怕进派出所的可能也是有的——他已经严重扰民了。

其实，不管大叔能否和前妻复合，他都需要从这种“魔怔”的状态中走出来，他需要先回归正常的生活。这也成了我们商讨后一致做出的决定。

但是，回归正常生活的过程相当不顺利。一边，我刚刚感觉他快要在我的指导中回归正常生活了；另一边，他又忽然说自己还不死心，又要去楼道堵前妻。就这样，大叔在类似拉锯扯锯的过程中，心理状态一直循环往复。

后来，他提到有一次接到了那个女孩的电话，他们又见了一次面。他说了离婚之后自己的遭遇，女孩则说也很担心他。两个人惺惺相惜了一会，大叔得知初为新娘的女孩过得还不错，他说：“我感到很欣慰。”

在整个治疗过程中，大叔似乎对治疗的效果要求极低，为什么这么说呢？因为在我问他心理咨询是否对他的现状有帮助时，作为当事人他表示无所谓。“心理咨询”这个项目并不在医保报销的范围，虽然我们是公立医院，但价格依然不在很多百姓的承受范围内，他对此却并不在意。

他说：“我上哪儿找像您这样好的倾听者呢？您帮了我大忙了，真的，医生，要不是您，我怕是已经郁闷死了。”

其实，他并不是真的想从这种离婚的落魄状态中走出来，他只是需要一个人的陪伴和倾听。我想，那就换个思路吧，去了解他是怎样的一个人，他在感情上究竟有怎样的经历呢？

“不如说说您的情感经历吧？”我尝试着询问。

他讲述了难忘的初恋：“那是大学时的一位女孩，我在学校的校园里偶然遇见，她扎着高高的马尾，穿白色的运动衫。擦身而过的时候，我隐约闻到美妙的香气，我的心脏有力而无声的悸动，整个人就像潜入泳池底部……”大叔陷入对尘封往事的回忆中，沉醉的样子让我感到那是他人生中难得的重要时刻。

听到他对那女孩气质的形容，我忽然想起了什么，但当时的气氛使得我必须先把这个思路放在一边。

“后来呢？”我十分好奇后来的故事。

“后来我打听到她是哪个系的、她的家乡等重要信息。那时候大学生还是分配制度，我想以后分配不到一起，就会害了人家。加上我自己又很自卑，迟迟不敢表白我的心意。现在想来，这些想法有点可笑是吧？但那时的人们就是如此，在大学谈恋爱还是一件非常禁忌的事情。”

“那可真可惜呀！”我感叹道。

“说来可笑，一个人就算让我的心里出现了这样凶猛的涟漪。我却依然没有向她表白，连认识一下的勇气都没有。我的初恋也是暗恋。我打听到，毕业不久她就嫁做他人妇了。我此生也没机会了。”

“大叔，您觉不觉得您出轨的女孩和暗恋的女孩有一些相似的地方？”我见缝插针地把之前的思路接了回去。

“嗯，刚才回忆的时候我似乎也有点感觉。”他不由得怔怔地看向我。

“第一次见到那女孩的时候，我也是为她那种青春的气息着迷。那自带活力的一种香气，好像无论如何都让我难以自持。”

他忽然显得有点不好意思，自嘲地笑了一下，继续说：“要不是你问我，其实我早就忘记自己的初恋了。也许是因为再没有办法得到，我只能选择忘记吧。”

“那么其结果就是，你压抑地越深，它就越是吸引你，你越是得不到，潜意识里就越想得到。这在心理学上叫做‘未完成事件’，那被你压抑的爱情，早在岁月里生了根，发了芽，那从未被满足的美梦在此后的多年时光里已悄无声息地被你美化过了头，它在你灵魂上刻下了深刻的烙印，你被它牵着鼻子走，而你还认为自己已经忘了。”

当我掷地有声地说出这些话的时候，内心里另一个自己却在质疑“心理治疗师这么说话是不是有点残忍？美好的东西就算是幻觉那又怎么样呢，你为什么要摧毁它呢？”不，美好的东西若看不清楚，便会破坏真正的美好。我坚定地想。

大叔睁大眼睛看着我，有点惊讶的表情似乎是对我，也是对自己。他似乎重新认识了自己，竟一下子有点难以接受。

“这就是你难以自持的真正原因。那压抑多年的欲望之火在你见到那位姑娘之时被重新点燃，那飞蛾扑火的力量如此之强大，令你没有办法思考。你连静下心来去了解那女孩的心情都没有，迫不及待地就被那股力量牵着鼻子走，误入歧途，伤害了所有人。”我继续说着，毫不心软。

大叔那委屈的小男孩似的表情再一次出现了，他有点要哭，我忙递上纸巾。但他没有接，而是自我克制般地消化掉了。

这种情形在男性来访者中经常遇到，可能一部分原因是“男儿有泪不轻弹”的思想在影响着他，但在当时可能还有一部分原因，是他对我的这种一针见血的心理剖析产生了不适感。

“我是不是下手狠了点？”我虽扪心自问，但依然认为，对大叔来说，让他觉察自己的内心感受是相当必要的，不管他能不能和前妻复合，也不管他将来还会不会再婚。他被这样一种“移情般的情欲”吸引，没有耐心了解对方的事情，就会再次闯祸，绝无例外。

之后，我问他：“究竟是应该在把想谈的恋爱都谈完了，再选择一个人结婚好，还是压抑着一种想爱的冲动然后去结婚，结了婚以后受不了诱惑再去出轨好呢？”

他很快明白了我的意思，也对自己的出轨行为多了一层深刻的理解。

我们的心理咨询在那之后似乎走向了另一个阶段。他此后没有再提要去前妻的楼道蹲守，或买新的手机卡给前妻打电话的事情，而是真的接受了现实，生活虽不如意，但好歹还过得下去。

我鼓励他健身，鼓励他交友，鼓励他好好做饭、收拾家务，认真做事，把生活和工作重新经营起来。

心理咨询的频次在一点点减少，但每次见面，他还在不停地叙述他那难以摆脱的孤独之感。

之后有一次，他告诉我："我把离婚的事情告诉我的朋友了，没想到他们给我介绍对象了，我现在已经见了两个……"

"停，停。"我立刻同步在心里打了停止的手势。

"你真的从前一段婚姻中走出来了吗？你把你前妻放下了吗？因为无法走出一段感情，而迫不及待地寻找'下家'，拿别人当替代品，不仅对别人不负责任，对自己更不负责任。"我想自己有责任提醒他这一点。

他默默地看了我一会，说了一段让我意外的话："医生，我理解你说的意思，也大致认同。嗯……"他停顿了一下，而后慢慢地说道，"你可能看着我的身体像是很硬朗的样子，但只有我自己知道，我的身体状况一天不如一天了。我已经是老年人了，你知道那种漫漫长夜的孤独是怎样的吗？我无法像年轻人那样要求感情的质量了。像我前妻那样的理想的伴侣固然可贵，但如果找不到她那样的，别的伴侣只要心肠不坏，能在身边做伴也是好的。我不想有一天，如果我在家突发疾病死了，连尸体臭了都没有人发现……"

说到这里，他的声音逐渐微弱，沧桑悲凉之感油然而生，我终于明白了为什么他的话题永远离不开描述自己的孤独感。我注意到他首次说了"前妻"这个词，想必从心底里真正接受现状了。

"那么想做就去做吧。"我妥协了。

之后，我在网络上看到一篇报道，我国的诺贝尔物理学奖获得者杨振宁教授也说过类似的话，和大叔说的几乎如出一辙："在太太去世后，十九世纪英国著名数学家哈密顿过了相当漫长的孤独日子，甚至在书页上都有饮食的污渍，我不要过这样的日子。”于是他又娶了妻子。2022 年杨教授刚好一百岁了，想必如此健康长寿的老人背后肯定是离不开妻子的悉心照料。

大叔最后一次来访得有点突然，他有点开心又兴奋地告诉我：“你能想象吗，医生？你相不相信‘心有灵犀’这回事？我在两个相亲对象中选择了一位，想要继续交往下去的那天傍晚，我本来是要去赴约的。就在这时，我的妻子给我发了一条信息，她问‘你过来一下可以吗？’我不知道她什么时候把我加了回来，我已许久不联系她了！”

“那你定是欣然前往了？”我很好奇接下来的事。

“我找了个合适的理由推掉了之前的约会，去了我前妻那儿。我们简短地聊了一会儿天，并没有说很多。我深知自己深深地伤害过她，不配得到宽恕，她也不会轻易接纳我。后来，她说有点累了，要我给她做一下按摩，我就像以前那样给她按按。再后来天色已晚，她说要休息了，就把车钥匙还给了我。”他不急不缓地叙述这些的时候，心情却不太平静。

“之后你有什么打算？”我继续问。

“她给了我希望，我要重新追求她。我要把她当成我新的相亲对象，重新了解她、爱护她、珍惜她。医生，如果我下一次不再来了，你应该知道我怎么样了。”他带着一种我之前从没见过的满足的笑容对我说。

“好啊，祝贺你！我为你高兴！”我鼓励他。

“还有一事，医生，我已经把药全都停了。”

“这可不行，服药一定要按疗程，这能最大程度防止复发。”我提醒他。我这么说是有充分依据的，因为到现在为止，没有任何一个治疗指南上有“心理因素去除，药物便可停止”的建议。

虽然也偶尔有患者向医生反映过，药物自行停止后，未再复发的例子存在，但作为一名医生，在这个时候我必须是负责和严谨的。

“不管你怎么说，我已经停药了，因为我的妻子就是我的灵丹妙药!”听他这么说，我知道劝也没用，心想算了吧，若是不好以后再来便是。

于是我便对他说：“好吧，我们的治疗关系可能今天就终止了。若以后有需要，随时可以再次找我。”我们握了手，互道了再见和珍重。

后来，他果然没有再来过，我知道，他现在一定和妻子过得很幸福，失眠和焦虑也没有复发。

大叔经历了此事后，对感情应该有了更成熟的态度。那次的分开，那样的痛苦，原来是为了现在能够珍惜眼前人而付出的必然代价。

我不知道这世间还有多少人能像大叔一样如此幸运，有多少人在感情的路上走散了，发现自己掉了队，等转过身，已找不到原来那人，回不到从前了。

这世间并非所有的爱都可以重来。择一人相爱，等一人终老，痴一人深情，共度朝夕，是人生修来的福分!

（伊　凤）

【心理医生面对面】

俗话说，少年夫妻老来伴。老年夫妻恩爱、和睦相处，自然对心理健康产生促进作用。相反，老年夫妻感情不和、濒临解体，会产生不良的心理影响，使老年人的身心健康状况迅速恶化。

老年人孤独的时间久了，情感会更加脆弱，会体验到恐惧、无助、无望的情绪，老年人比年轻人更加需要陪伴。适用于年轻人的心理咨询方案有时不一定完全适合老年人，对本文大叔的心理咨询，我也践行了“以人为本”的人本主义思想，以尊重他的个人感受为前提，对他的很多想法采取了支持的态度。

其实，并非所有的焦虑障碍去除曾经是心理障碍的一些心理因素后都会好转，焦虑症的发病是在大脑器质性有所损伤的基础上，受个人神经类型因素、环境因素、心理因素等综合因素共同作用下发病的。本案例中当事人去除心理因素随即好转，以及之后未按疗程服药但并未复发的现象，在我的医生职业生涯中纯属个例，不建议效仿。

生了怪病的大伯

最近几年，可能是我的年龄逐渐增长的原因，在临床工作中接触患者的时候总是特别理解老年人。

最近一位大伯找到了我，这位大伯已是古稀之年，大伯朋友的儿子之前生病是我给治疗的，目前已经恢复，能参加工作了。那时候，大伯经常陪朋友到医院找我为朋友的儿子代诊，说起来我们也算是熟悉。

大伯的情况要从2014年说起，他和老伴儿的身体都不错，每年都像是候鸟一样，冬季到来就“飞”到海南，夏天再回哈尔滨。然而那一年在海南，大伯早上起床遛弯儿的时候，刚走到小区僻静的地方，就突然感到害怕、紧张，有一种毛骨悚然的感觉，他跟我说起这件事的时候，感觉整个人神秘兮兮的。

后来，大伯回到哈尔滨，也曾有类似的感觉，大概也是在遛弯儿的时候，突然感觉自己身体不舒服，紧张、害怕，但是因为持续的时间很短，所以大伯以为是灵异事件，也就保密地没和任何人说起。

2018年，大伯走路时开始腿疼，经过检查发现有静脉曲张，因此进行了手术。手术以后他就感觉“伤了元气”，总觉得自己身体不舒服，胃胀、胃疼，不敢吃东西。他四处就医，进行了多项检查，按照胃病治疗了一段时间，住院时稍有好转，但是出院回家以后就又不舒服了。

后来，他有几次感觉自己的心脏也难受，认为是心绞痛发作，开始自己口服硝酸甘油，最初有所缓解，但是后面几次心绞痛复发，再吃硝酸甘油就不管用了。

大伯因为心脏的问题就诊于心内科治疗，先后几次进行心脏血管造影检查，显示血管通畅程度为70%，这是不会导致大伯出现心绞痛的症状的。最后一次，医生命令大伯不准再进行血管造影检查了。

最近几年，大伯一家奔波于哈市各大医院，为的就是确诊大伯的疾病，好对症治疗。

屋漏偏逢连夜雨，为了健康长寿，即使身体存在各种不适症状，大伯仍坚持锻炼身体。但就在2022年2月，大伯早上去早市买菜，回家后感觉像是运动过度似的，出现腰背部疼痛的现象。就诊后检查发现，大伯的腰椎出现了压缩性骨折(老年人骨质疏松，不恰当的动作或者行为后导致骨质压缩)。

骨折后，大部分时间要卧床休息，大伯坚持运动的习惯被改变了。他只能整日躺在床上望着天花板，久而久之心情开始变得不好，总是高兴不起来，总是心烦，担心自己的身体状况。

他对自己的病情百思不得其解，躺在床上总是琢磨自己的疾病：可能是得了什么疑难杂症，医生看不出来；也可能是得了什么重病，家人瞒着不告诉自己？他的脑子里想的都是这些内容，到了晚上该睡觉的时候也睡不着，状态不好，病情呈加重的趋势。

于是，大伯再次在家人的陪同下就诊于某医院。大伯还是感觉自己心脏不舒服，心脏疼、心慌，发作时感觉像是心脏病突发，有一种濒临死亡的感觉。

他此前经常去急诊，各个医院急诊科的医生对大伯一家都比较熟悉了，但是每次经过检查均未见心脏有严重问题，只是心脏的供血有些问题，这和大伯的年龄是相符的，因为年龄偏大一点的人都会有这种供血不好的情况。

大伯身上又开始种种不舒服起来，检查又未见明显问题，这给他的心理增加了一些无形的压力。加上整日卧床，他白天有时候会睡一会，晚上睡眠不好的情况逐渐加重，最严重时几乎一夜无眠。然而越睡不着，他的身体就越难受：腰疼、胃疼、心脏疼、心慌，手抖、出虚汗，有时候感觉身体发冷，血压也不稳定，时高时低的，这样大伯就更加担心自己的身体状况了。

有几次，大伯甚至出现了“幻觉”：感觉自己漂浮起来了，自己的身体和床分离了；家人让大伯用手去触摸身体与床的距离，大伯能摸得到身体和床是紧挨着的，但就是感觉自己飘了起来；同时，大伯脑海里总是想起一些去世的故人，无论是做梦还是平时。

后来，大伯再次就诊时，被医生委婉地建议应该看心理科。大伯和家属有些不解，于是大伯想到了我，认为我应该是值得信任的医生。

在我的门诊及住院处，大伯这样的情况屡见不鲜。他存在急性的焦虑发作，也叫惊恐发作。

早在2014年，大伯认为的灵异事件其实就是一种相对隐匿的惊恐发作；到了后来的心脏疼、濒临死亡等感觉就是比较典型的焦虑症了；他还存在一些心慌、出汗、失眠等症状，这完全符合焦虑障碍的诊断。

大伯住院治疗大约一个月的时间，他身体的不适症状大部分都得到了缓解，睡眠有所好转。困扰大伯一家几年的怪病终于得到了医治。

后来，大伯还赠送了“刘医生妙手回春，专治疑难杂症强”的锦旗给我。真心感谢大伯对我们的认可！

（刘淑昱）

【心理医生面对面】

焦虑症又称为焦虑障碍，是一种最常见的精神障碍。根据已有的研究表明，焦虑障碍具有慢性病程、复发率高、患者社会功能会明显受损的特点，是一种严重影响患者生活质量的疾病。

因为焦虑障碍的症状表现多种多样，所以经常会首诊于综合医院，而老年人群原有的躯体疾病较多，经常会和焦虑障碍的症状有交叉，甚至出现焦虑障碍和躯体疾病共患的情况，这就给临床诊断和治疗增加了更多的困难。

心灵对话

焦虑的心理疏导建议

焦虑情绪是最常见的一种情感体验，是人们面对潜在的或真实的危险或威胁时产生的情绪反应。

人类对正常焦虑和恐惧的感受同疼痛感觉一样，都是一种保护性表现。适度的焦虑对人是有好处的，可以帮助人们对即将面对的情况做好充分准备，可以让我们在处理问题时头脑更灵活。

对于不确定的、改变自己日常生活节奏的事件，人们通常的反应就是焦虑，会因此产生恐慌甚至敌对的情绪，但是实际上这是正常的情绪反应，一般通过自行调节和简单的心理疏导都可以有效缓解，所以不要认为自己有焦虑情绪就是不对的，只有严重的焦虑才需要治疗。

对于焦虑的治疗通常有如下几种。

1. 认知行为治疗

焦虑障碍患者对事物的一些歪曲的认知，是造成疾病迁延不愈的原因之一。对人际关系困扰、亲子关系不良，以及有躯体性应激源心理困扰的老人需要重新建立认知体系。

太在乎儿女、爱人、亲人对自己的看法，可能成为老人焦虑的根源，老人需要重新建立对自己的客观认知。比如，有的老人因为自己不能给儿女看孩子，而担心孩子记恨；有的老人因为担心自己不能给探亲回家的孩子下厨做一桌美味佳肴而焦虑万分……

年轻人要多跟老年人沟通、消除误会，帮助老人重新接纳自己，尊重自己的感受，重新看待自己。当然，如果亲人不肯沟通，老人则需要在医生的指导下，借助各种心理技巧与方法增强个人心理承受力，来应对亲子关系不良对自己的影响。

2. 系统脱敏治疗

对于有些老人存在幽闭恐惧症、恐高等心理问题，需要学会一些能让自己放松的方法。身为医生，我们是通过询问，与患者共同商讨方法，共同制定治疗目标的。

系统脱敏的三个步骤：

一是进行放松训练。这是系统脱敏的重要内容，可以单独使用，也可以与系统脱敏融合使用，用来克服焦虑症状，当前使用较多的是渐进紧张放松法。

二是建立焦虑事件层级。要采集病史资料，列出焦虑事件，进行分级，建立焦虑事件层级表。

三是实施脱敏。从最轻的事件交流开始，由弱到强，一级一级脱敏，直到最严重的焦虑事件脱敏成功，包括想象的系统脱敏与现实的系统脱敏。

比如解决老人恐高的问题。医生通过和老人商讨后，制定出焦虑等级：5 层楼高是 1 分焦虑等级，7 层楼高是 2 分焦虑等级，9 层楼高是 3 分焦虑等级。第 1~3 天的任务是 5 层楼高感觉能放松就可以，第 4~6 天的任务是 7 层楼高感觉能放松，第 7~9 天的任务是 9 层楼高感觉能放松。

以上只是初步的方案，在具体执行过程中，还需要根据当天的实际情况进行调整。比如第 4 天还达不到 5 层楼高放松的程度，那么也可以延长首次任务的训练时间。

3. 放松疗法

各种放松疗法对缓解焦虑、恐惧情绪都是有帮助的。其中，最主要的就是呼吸训练放松法，其核心要点为以下几方面。

(1)放慢自己的呼吸节奏。让自己呼吸的速度慢下来。如果实在不会调整，可以看着秒表，4 秒进行一个呼吸。

(2)吸气时把胸腔打开，将空气吸进自己的腹部，让自己的肚子鼓起来，呼气时把气体全部吐出去，看见自己的肚子也瘪下去就对了。

(3)吸气时暗示自己正在增加力量，暗示自己变得有信心、有能力、更坚定，等等。呼气时是最能感受到放松感觉的时刻，享受这种“放松”的美妙感觉。若在这个过程中产生美好的想象，那就达到了“冥想”的境界了。

也有的老年患者对呼吸训练放松法没有丝毫感觉，那就可以去寻找其他的放松方法，如听音乐、沐浴，做按摩也可以尝试。

总之，一切可以让自己感觉宁静，感觉舒服的方法都可以尝试。

有一位患者曾说，他独特的放松方法就是开车的时候一个人大声唱歌，每当唱起歌，那些心慌、不安的感觉就被自己的歌声赶跑了。

4. 运动疗法

北京大学第六医院的丛中教授针对焦虑曾提出这样的观点：惊恐发作(急性焦虑状态)，意味着更深层的内心情绪呼之欲出，想要尽情地哭诉、叫喊、狂奔、战斗、攻击、逃跑，甚至赤身裸体。惊恐发作中的“心慌心悸”，其实是身体瞬间已经做好了战斗、奔跑的准备，就像是人在“各就各位，预备……”等待起跑的发令枪。所以，焦虑症患者如果真的能够在瞬间撒开双腿、奔跑起来，惊恐发作就会立刻缓解。

我们要鼓励老年焦虑症患者，通过各种运动缓解焦虑情绪。鼓励老人们发现自己感兴趣的一项体育运动，长期坚持下去，成为自己终生的爱好，由此摆脱焦虑症的困扰。

5. 其他心理疗法

根据深层心理学的观点，患有急性焦虑症的患者发病时，往往是在独自一人或处于幽闭憋闷的环境时。这意味着：缺少社会支持，分离焦虑。其中“濒死感”意味着“土崩瓦解”的焦虑，自己似乎将要瞬间不复存在了；“头脑失控、发疯感”意味着更深层的内心情绪呼之欲出。

存在急性焦虑情绪的老年人，压抑着很多委屈和愤怒，这些情绪推动身体产生“心慌、心悸”等的生理反应，身体迅速进入了“一级战斗准备状态”。可是，这时老年人自己的理智却在统治、压抑着深层的情绪，让他们只感觉到“濒死感”“极度恐惧”和心脏的剧烈跳动，却无法用语言诉说和表达这些压抑在内心的情绪。

根据以上深层心理学理论，针对焦虑情绪的心理治疗方案有如下几种：

(1)鼓励老年焦虑症患者去做一些力所能及的、符合自己心愿的、维护个体自身利益的事情。

(2)加强社会的支持和亲人的陪伴，增进亲情交流。

(3)在心理医生的带领下，关注、体验内心压抑的各种情绪，并试着用语言描述和表达这些情绪。

第三篇

痴呆——记忆的流沙

痴呆是一种严重而持续的认知障碍。发病的原因有很多，包括中枢神经系统变性疾病、脑血管病、颅内肿瘤、颅内感染、颅脑外伤、代谢性疾病、营养缺乏、高胆固醇、中毒等。人们通常说的老年痴呆学名是阿尔茨海默病痴呆。

一般疾病进展缓慢，常见的是记忆力由近及远的日渐衰退，影响日常起居活动；语言表达出现困难；对时间、地点、人物日渐混淆；认知、判断力日渐减退；理解力下降；情绪异常改变；行为异常改变；做事失去主动性；迷路……

针对痴呆症，早期识别、尽早干预才能达到治疗的效果。

心理小测

一、画钟自测法

这里推荐一个简单易行的、可以在家中自测的痴呆症①检查方法：画钟实验。

总分为 4 分：画完一个闭合的圆圈得 1 分；时间位置正确得 1 分；12 个数字完全正确得 1 分；指针位置正确得 1 分。

正常值>2 分。

家属可以让老人画一个钟表，以此来检测老人是否患有痴呆症。例如，让老人画一个表示 8:20 的钟表。如下面两张图所示，左图的圆圈没有闭合，其他正确，应该得 3 分，所以左图的画图人是健康的老人；右图只有圆圈是闭合的，能得 1 分，其他项都不得分，所以右图的画图人初步诊断为患有痴呆症的老人。

① 临床上，不同类型的痴呆症状表现有所不同，为了让读者阅读方便，也为了让书本内容更加通俗易懂，在后文中，除了专业的名词解释之外，我们不特别区分痴呆的类型，均通称为痴呆症。

二、认知障碍自评表(AD8)

第一栏中的“是”表示在过去的几年中，你在认知能力方面(记忆或者思考)出现问题。(请在合适的地方打“√”)

序号	问题	是	否	无法判断
1	判断力出现问题，解决日常生活问题、经济问题有困难。比如：不会算账了；做出的决定经常出错；辨不清方向或容易迷路等	1	0	0
2	缺乏兴趣爱好，活动减少了。比如：几乎整天和衣躺着看电视；平时厌恶外出，常闷在家里；懒得活动，无精打采等	1	0	0
3	不断重复同一件事。比如：总是提相同的问题；一句话重复多遍等	1	0	0
4	学习使用某些日常工具或者家用电器有困难。比如：学不会使用遥控器、微波炉等	1	0	0
5	记不清当前的月份或者年份	1	0	0
6	处理个人财务困难。比如：忘了如何使用存折；忘了付水、电、煤气费等	1	0	0
7	记不住和别人的约定。比如：忘记和家人已约好的聚会、拜访亲朋好友的计划等	1	0	0
8	日常记忆和思考能力出现问题。比如：自己放置的东西经常找不着；经常忘了服药；想不起熟人的名字；忘记要买的东西；忘记看过的电视、报纸、书籍的主要内容；与别人谈话时，无法表达自己的意思等	1	0	0

注意：AD8 量表结果为

总分=各项得分的直接累加

1. 分数评价标准 0~1 分：认知功能正常，不太可能存在痴呆症，但不能排除正处于疾病的早期。

2. 分数评价标准 2 分及以上：可能存在认知障碍。

此项筛查不作为最终诊断标准，但可以非常敏感地检测出患者早期认知的改变，包括阿尔茨海默病、血管性痴呆、路易体痴呆和额颞叶痴呆等。如果得到的总分过于异常，则需要去医院做进一步的检查与评估。

能记住的只有伤痛

有人说：聪明反被聪明误，痴呆越享痴呆福。

然而，患上老年痴呆的人真有那么幸福吗？

早期的记忆力下降，中期的认知能力、精神障碍、情感能力受损，晚期的方位意识受损、大小便失禁，都可能让患者陷入尴尬、损伤自尊，甚至陷入危险境地，危及生命。

而照顾患上老年痴呆症的家属更是苦不堪言，老年性痴呆从发病确诊至死亡，可能短则3~4年，长则20~30年，大部分患者则为5~10年。照料患者的艰难程度难以想象，看护患者可以说是一件漫长、艰难、痛苦的事。

我有一位患者，是位七十六岁的阿姨，她发病的时候症状不太明显，但也可能是家人的疏忽，对于患者早期的症状缺乏敏感度。

据阿姨的丈夫介绍，半年前阿姨只是有些话多，疑心有些大，晚间睡眠差、入睡难。两个月前，阿姨换了一个心脏起搏器（由于十年前阿姨被诊断出房颤，安了起搏器，这东西到了一定年头需要定期更换）。换完起搏器的阿姨，总觉得自己一动，胸部的皮肤就牵扯得很疼，睡不好觉，因此跟老伴儿分床睡。

有一天，她和老伴儿出门散步，一个女人开玩笑，说她大屁股。此后，阿姨就总说这个女人在半夜的时候来自己家里和自己的老伴儿在另一个屋子里。她还有鼻子有眼地说，这个女人穿了自己的鞋子，用了自己的东西。

白天的时候阿姨都要把门锁好，说那个女的会来敲门，还把自己的东西都藏起来。老伴儿自然要解释没这种事情，但是阿姨说什么也不听，不仅如此，阿姨开始逢人便控诉老伴儿打自己、虐待自己。

其实阿姨的老伴儿已经年过八十，早就不可能打她了，打也打不动。至此，对于老太太的一些荒谬言语，老伴儿不能再忍，因此来看病。

老头儿长得很高大，是典型的东北男人，看见阿姨在一旁控诉自己出轨以及种种暴行，他甚感羞愧，满脸无奈。我对他表示出了充分的同情和理解。因为我深知阿姨患上了老年痴呆这种病，而这种病最痛苦的当属家人了。

当然，以上症状还只算是一些精神症状(嫉妒妄想、被窃妄想)和由记忆减退引起的对往事的纠缠，诊断老年痴呆不能单凭上述症状定诊，还需要询问更详细的病史。

经过详细询问我们得知，阿姨在很早以前就经常忘事，尤其是刚刚发生的事情，一转身就忘了：忘关煤气，做饭没有耐心，做饭常常忘记放调料，甚至烟锅；忽视仪表，不讲礼貌，常因一点儿小事就大发脾气；搜集各种无价值的废弃物，随便拿别人的东西；在餐桌上抢饭，等等。

这些人格上的异常，老伴儿一开始并没有在意，经过我的提醒，他这才回忆到确实如此。我还详细检查了阿姨的抽象能力和理解能力。

阿姨的智力已经受损，头部核磁共振的检查结果，更是支持我的诊断：腔隙性脑梗死，脑白质退变，脑萎缩。

可以说，阿姨的痴呆是一种混合性痴呆，既有脑梗，也有脑萎缩，血管性痴呆和阿尔茨海默病性痴呆都具备了。

各种痴呆共同的记忆缺陷就是所谓的顺行性遗忘，也叫做近事遗忘，指的是患者对新近发生的事情很快忘得一干二净，患者的记忆只有病前的遥远的过去的事情。

所以，阿姨所述的虐待是不真实的，但是她的控诉也并不是无缘无故的。从这些症状上看，我几乎看到了阿姨的年轻岁月，一个大男子主义又妈宝男的丈夫，让阿姨在做媳妇的岁月里受尽了委屈……

后来，经过系统的药物治疗，阿姨的情绪逐渐稳定了，虽然偶尔也说老伴儿和那个女人在一起，但是次数明显减少了。她的睡眠问题也逐渐好转，而记忆障碍和认知、情感障碍这些症状则需要她继续服药治疗，期待能在未来的岁月里慢慢好转。

（伊　凤）

【心理医生面对面】

老年痴呆症通常多发生于六十五岁以上的老年人，当然也有四十岁之前患病的患者（这样的病例被称为早老性痴呆）。一般老年痴呆症的起初症状并不明显，以健忘、情绪和人格改变开始，随着年龄的增大，症状明显加重，最终在生活上无法自理。

家人和周围人通常将老年人怪异、反常的行为误以为是年纪大、脑子不好等缘故，没有引起足够的重视，错过了最佳的发病早期的诊断和治疗，延误了病情。

因此，伴侣和子女应该对老年痴呆症的特征和病情发展阶段有较熟悉的掌握，才能及时发现病情，抑制病情恶化。

说点题外话，心理学常常强调早年记忆的重要性。人本主义心理学先驱、个体心理学的创始人阿德勒就曾说过：早年记忆显示出个人生活样式的根源，人会记忆那些他觉得对他的处境及其重要的事件。

所以，我想，如果你是父母，是兄弟姐妹，是伴侣，请多关心爱护你身边的亲人，多给他们留下一些温馨美好的回忆吧，不要等有一天他们真的痴呆了，记住的都是早年记忆中的伤痛。

多关注、早发现，珍爱你的亲人

随着世界人口老龄化速度的加剧，痴呆症的患者数量正在不断增加。每年的9月21日是“世界阿尔茨海默病日”。当前，痴呆症和其他失智相关疾病已成为全球老年人第五大死因。

如今，中国痴呆症患者数量呈上升趋势。2019年，国际阿尔茨海默病协会估计，全球有超过5000万包括阿尔茨海默病在内的认知障碍患者，到2050年，这一数字将达到1.52亿，也就是每3秒就会新增1名患者。

今天我就给大家分享一例痴呆症的病例，希望能够对大家有所帮助。

我的患者王奶奶今年六十五岁。2020年4月，王奶奶在三个孩子的陪同下来到门诊，她的女儿详细描述了王奶奶的症状。

其实从两年前开始，王奶奶的记忆力就不太好了。她做过的事经常忘记，拿过的东西一转身就忘记放在哪儿了，当时孩子们都没有特别在意，以为自己的母亲就是年纪大了，记忆力不好也是正常现象。突然有一天，当孩子们发现母亲做饭的时候忘记关煤气后，才开始重视起来，他们害怕有一天，母亲因为记性不好发生什么意外。

王奶奶的孩子们在母亲的卧室、厨房、客厅都安装了监控，这样他们既能陪母亲聊聊天，还能提醒一下母亲检查门窗和煤气是否关闭等。

虽然孩子们加大了对王奶奶的照顾力度，但是王奶奶的症状反而越来越严重。

她出去散步后，多次找不到回家的路，最严重的一次还是小区里的保安给王奶奶送回了家。

孩子们担心母亲的身体状况，带母亲去综合医院检查身体，除了一些老年性疾病之外，还检查出脑萎缩。

医生告诉他们，老年人到了一定年纪，多多少少都会有一些脑萎缩，而且脑萎缩是不可逆的，王奶奶记忆力不好可能就是因为脑萎缩。

孩子们知道这件事后，开始给母亲买各种各样的补品，补充维生素、蛋白质等。

2019 年，王奶奶被女儿接到了身边，这样女儿就能更加方便地照顾母亲了。

但是让儿女们都没有想到的是，王奶奶搬家之后症状反而加重。首先就是记忆力的问题，有时候明明刚吃完饭，王奶奶却跟家人说要吃饭。亲戚朋友过来看她，过了 5 分钟之后，她就都不记得了，情绪也逐渐变得暴躁起来。

儿女们都特别奇怪，之前的王奶奶是一个态度温和、和蔼可亲的老人，最近这段时间她就像变了一个人似的，经常跟家人发脾气。

她说自己的东西被别人动了，自己的钱也被别人拿走了，便开始把自己的贵重物品到处藏，随后她又忘记藏到哪里，常因此而大发雷霆。

她还说邻居趁自己不注意，偷偷溜进房间把她的衣服拿走了，便每天都到门外看看有没有外人，情绪激动的时候还冲着邻居的房门大声辱骂。

王奶奶的睡眠时间也颠倒了，晚上不睡觉，白天睡。晚上她不停地在房间里走来走去，自言自语，说一些不存在的事情或者是多年前发生的事情。家里人劝她休息一会，她就会发脾气，说家里人都合起伙来欺负她。

一年前的王奶奶还能帮助孩子们做饭、打扫卫生，但随着病情的加重，现在王奶奶已经什么事情都不能干了，连门铃响了她都不会开。吃饭情况也不好，她总怀疑饭里被别人放了不好的东西，体重下降得特别明显。

2021 年 4 月，王奶奶被家人送到专科医院就诊，经过系统的检查，王奶奶的认知功能已经明显下降，其中包括记忆力、计算力、行为能力等。加上目前王奶奶已经出现了明显的歪曲认知，情绪也不稳定，睡眠、饮食等也十分不规律，因此只能住院治疗。

住院期间，我们给予王奶奶改善认知功能的药物来防止其脑萎缩的进一步发展，并且给予小剂量的抗精神病药物来改善她的歪曲认知。

服药治疗的同时，护理工作也同样重要。我们优化病房环境，让明亮的光线、柔和的病房颜色改善患者的焦虑情绪，收起危险品，以防患者情绪激动时发生意外。

我们鼓励王奶奶增加社会活动，多与周围人聊天，陪她看书、听音乐等。

我们和她交流时没有以提问的方式，而是以肯定的方式，时常对她进行提醒，同时告知家属，要注意维持家庭环境的稳定性，尽量减少搬家、装修、更换家具等，这样容易让患者迷惑，不利于病情的恢复。

经过一个多月的治疗，王奶奶的情绪、歪曲的认知均得到了明显的改善。

（梁钧松）

【心理医生面对面】

上面的真实案例，也给我们带来了很多启示。我们一定要对老年痴呆症重视起来，目前在临床上超过半数的患者都是到了中晚期才来医院就诊，失去了最佳治疗时机。

我们一定要鼓励家里的老人多进行一些益智类的活动，控制危险因素，降低患病风险，比如尽量避免脑外伤、高血压、饮酒和肥胖的发生，并且鼓励老人多参加社会活动，积极锻炼身体。

而当家里的老人出现记忆力下降、认知功能下降、行为能力降低等问题时，一定要重视起来，尽早带老人去专科医院进行系统的检查与治疗。

对于痴呆症患者来说，越早发现、越早治疗，就越能缓解疾病的进一步恶化，更好地保留患者的社会功能。

只有我们所有人都重视起来，真正关心老年人群，才能让我们身边的每一位老人安享幸福晚年。

让老人远离孤独与寂寞

“风华是一指流沙，苍老是一段年华”，人都会慢慢变老，四十不惑的我，也慢慢开始思考关于衰老的话题。

还记得在 2017 年，我收治了一位七十六岁的老年抑郁症患者，他说：“我的哥哥和姐姐都去世了，下一个就是我了。”

我深刻地记得老伯的担心和忧虑，当时不到四十岁的我，仅是疏导老伯要坦然面对。可是在 2018 年，母亲的去世，让我深刻体会到了死亡离我们并不遥远。

回到工作岗位以后，我无数次回味老伯的话。此后，我好像变得更成熟了，这种成熟不只是在经历上更是在事业上，尤其是对患者心理状态的理解上。

2022 年，我又收治了一位令我难忘的老妈妈：就诊时的老妈妈七十七岁，竟然把她母亲去世后攒下的三百片安眠药全吃了。原因是她在春节期间和孩子们生气，便有了自杀的想法，幸亏抢救及时，才从死神手里夺回了老妈妈的生命。

老妈妈辗转来到我们医院，她的女儿交代病情时一脸委屈的样子：“这老太太也太不让我们省心了，家里不缺吃不少穿的，咋就不想活了呢？”

原来，春节期间因为暴发新型冠状病毒感染，儿女们都忙碌在自己的工作岗位上，没能和老人一起过年(女儿在当地是护士，儿子在外地是医生，都是奋战在“抗疫”一线的“大白”)。这让家庭观念很重的老妈妈很是伤心：“我怎么了？过年都不回来看看我，我老伴儿去世十多年了……都说忙，过年就不能回来看看我吗？”

当问及老人这次来医院是谁陪她时，她说：“这是老张的女儿。”

女儿在一旁说：“都不认识我了。”

这和老人来医院时的情况不太一致：来的时候是因为自杀未遂，显然是抑郁的问题，现在怎么又不认识女儿了呢？

于是，我安排老人进行了头部的磁共振及其他相关检查。检查结果显示：老妈妈的大脑呈全面的萎缩状态，看起来就像是一个“陈年的核头仁”似的，这就是老妈妈为什么不认识自己女儿的根本原因。

在对老妈妈进行精神检查时，我着重检查了老人的智能及记忆力，在相对轻松的气氛中，对老人进行了心理测试。

“阿姨，您来医院几天了？”

“我昨天来的。”

“您为什么来医院啊？”

“他们不给我吃饭，我饿了好几天。”

“阿姨，谁不给你饭吃啊？”

“都不给我饭吃，没一个好人！”

“那我考考您吧？”

“你考吧。”

“咱们先算算数，100 减 7 得多少？”

“100减7，剩下93。”

“那再减7？”

“二七十四，100减14，剩86。”

“算得不错啊，那再减7呢？”

“69。”（计算力减退）

“对么，阿姨？”

“对。”

“那咱们换换，您说，小鸡和小鸭有什么区别？”

“嘴不一样，毛不一样，吃的东西不一样。”（理解力减退）

“您昨天晚上吃了什么饭？”

“豆腐，油饼。”（家属在一旁摇头，记忆力出现问题）

“阿姨，我姓啥了？”

“姓黄。”（回答不对）

“阿姨，您说端午节咱们都吃什么食物？”

“月饼。”（一般常识的错误回答）

“那中秋节呢？”

“我们家也不过那个节，不吃什么。”

“那您今年多大年纪了？”

“七十七了。”

“您哪年参加工作的呀？”

“1962年，我十七岁，干苦力！”（女儿在一旁竖起大拇指，表示说的对）

“您累了吧？咱们今天考到这儿，谢谢您啊。”

“没事，姑娘。”

以上检查显示，老妈妈的记忆力、计算力等智能全面下降，结合患者大脑的全面萎缩，阿姨这病不只是抑郁症了。

在和家属沟通病情的时候，家属也纳闷："之前她总是告诉我们要好好工作，不应该我们过年不回家就要自杀啊。"

其实这也是阿姨疾病导致的她认知功能的下降。此后，我每天查房都要考考她，她不是说我姓"黄"，就是姓"兰"，我就一遍一遍地告诉阿姨我是"刘大夫"。

由于疫情的原因，阿姨在医院每天只能吃盒饭，饭菜的种类比较单一。于是我们和阿姨交流关于饮食的问题，没想到阿姨是一位美食家，对这个话题很是感兴趣。

阿姨对生活的热爱，因为美食而被我重新唤起了，听我问她关于饮食的问题，她还兴致勃勃地教我怎样做红烧肉好吃；怎样做尖椒干豆腐滑嫩；糖醋排骨应该在火上炖煮多久，等等。

慢慢地，阿姨开始愿意和人交流，经过治疗，她的病情一天比一天好。直到有一天，主任大查房，问她，我姓什么的时候，阿姨脱口而出："刘大夫！她，我还不认识？她天天来看我陪我聊天，我教她做菜，她哄我开心，让我好好治疗。"

更神奇的是，她竟然知道我们主任姓徐，是专家！

阿姨还和我们说："前几天，我总把刘大夫说成是黄大夫，那是因为年轻的时候我有一次去医院看病，有个女医生，愿意和我说话，我以为你是她。我记错了，岁数大了，记性不中用了。"

这位阿姨是患了痴呆症(以情感症状为首发的)，经过我们的精心治疗，病情大部分好转。

临出院之前，老人还原了这次住院的情形："我太孤独了。他们都忙工作，我只能一个人在家。最近记性明显不好，拿东忘西的，我就感觉他们不管我了，我拖累他们了，不如死了的好。我二姐和我哥都来看我，他们一个也不来（女儿这时在一旁摇摇头，低声说他们都去世了）。我就把家里这些年攒的三百片安眠药全吃了，结果没死成，阎王爷不要我呀！”

原来老人还曾经有过幻觉！但是老妈妈表示，会好好坚持治疗，她认为这次没死成，是自己的“阳寿未到”，也表示会接受命运的安排，好好活下去。

我叮嘱家属，一定不能再让老人独自生活了，也尽量不要到陌生的环境生活。还有，就是老人要按时、按量服药治疗，保持门诊复查，根据病情调整治疗方案。

（刘淑昱）

【心理医生面对面】

为什么现在患痴呆症的患者越来越多？

第一是年龄因素。年龄每增加五岁，患痴呆症的概率提高一倍。

第二是遗传因素。当一个家族中一旦有人患上痴呆症，那么该家族其他成员患病的概率就会比普通人要高3~4倍。特别是发病年龄较早的患者，遗传的比例更高，早老性痴呆通常有家族聚集发病的特点。

第三是头部外伤。假使患者在年轻的时候遭受过一些头部冲击等中重度的头部外伤，那么年老时的患病风险也会增加。

第四是高胆固醇。一般而言，患有高胆固醇血症的患者，其患病风险会比健康人高得多，尤其是高血压和高胆固醇血症同时存在的话，患病概率则会比正常人高出几倍。

目前，我们对于该病症能做到的就是做好预防的工作。

让我们多多关注老年人的心理健康问题，让他们老有所养、老有所依！

怀疑丢了东西的奶奶

金奶奶今年六十二岁，离异后自己一个人生活，生育有一女。女儿成家之后，因为要工作还要照顾孩子，所以只能在周末来看望金奶奶。

金奶奶大多数的时间都跟自己的妹妹在一起，她们一起上街买菜，一起唠家常。这次来就诊，就是金奶奶的妹妹陪着她过来的。

据金奶奶的妹妹介绍，金奶奶在两年前睡眠就开始不好，入睡特别困难，即使睡着了，睡眠的质量也不好，一宿都在做梦。就这样，金奶奶开始服用安定类的药物，门诊医生反复叮嘱金奶奶，服用安定类药物一定要谨慎。这种安定类的药物不宜长期服用，长期服用的副作用比较明显，比如依赖性、成瘾性，会导致肌肉松弛，特别是老年人容易骨折，长期服用还会导致脑萎缩，增加患痴呆症的风险。

金奶奶开始时完全按照医生的建议，只有在睡眠不好的时候偶尔服用安定类药物，但是随着服药时间的延长，安定类药物的药效越来越差。从偶尔服用到每天服用，从每天服用一片到每天服用三片。之前每天吃一片能睡六个小时，到现在每天吃三片也就只睡两个小时左右。

金奶奶的记忆力也变得越来越差，刚刚做过的事情一会儿就忘记了，手里刚放下的东西，转身就不记得放在了哪里。

来院就诊前，金奶奶开始出现疑心的症状，她跟自己的妹妹和女儿说，家里进来外人了，家里的家具还有家电都被人给换了。之前自己买的家具还有家电都是质量好的、价格贵的，但是现在都被换成了便宜的。虽说都是同样的牌子，但是样式还有大小都跟原来的不一样了。

女儿认为母亲是年纪大了记不清了，为了打消母亲的顾虑，女儿在金奶奶的房间安装了监控器，更换了门锁。

但是这样做依然没有减轻金奶奶的怀疑，反而更加严重。女儿给金奶奶看视频监控，证明房间里没有进来外人，更没人偷换东西。但是金奶奶却说，那个人进来以后，把监控器也给更换了，咱们看的视频是假的，是小偷给换的视频。

不管女儿、妹妹还有家里亲戚怎么劝说，金奶奶始终认为家里进来外人，把东西换走了，并且不停地找换锁公司来更换门锁。

因为更换得过于频繁，换锁公司的工作人员后来已经拒绝为金奶奶更换了，为此还发生了言语上的不愉快。

金奶奶甚至认为换锁公司也跟小偷是一伙的，他们合起伙来串通偷她的东西。她还说自己的房间被人给监控了，说房间里有多处闪光点，那些闪光点就是小偷给安装的监控器。

因为这些问题，金奶奶的睡眠质量越来越差，本来就睡不好，需要服用安眠药，现在加上疑心病，她晚上就更不敢睡了，半夜不停地起来查看房间的门锁，检查有没有人进来。她总趴在门上看猫眼，查看门口有没有外人，情绪也变得越来越差，经常跟妹妹发脾气。家里人如果跟她说家里没有外人进来，她就会发脾气，说家里人也是骗子、是小偷，所有人都合起伙来“整”她。

家人担心金奶奶的病情，带她来到精神专科医院就诊，经过系统检查，诊断为“阿尔茨海默病痴呆”。

进入病房后，金奶奶的态度变得特别温和，只字不提家里进来小偷换东西的情况，说的全是自己的睡眠问题，说自己来医院看病就是来治疗睡眠的。

当医生主动提及金奶奶所疑心的问题时，金奶奶犹豫半天才说：“医生，这件事就不是你能帮助我的了。我买的那些东西，我自己还能不知道吗？那全都换成不一样的了，他们（指小偷）以为一个牌子的我就认不清了？我都是拿着尺子一个一个量的，根本就不是一样的，等我出去后我就报警去！”金奶奶越说越激动，情绪也越来越不稳定，我也及时结束了这段对话，安抚她说，等治疗结束后，咱们再讨论这件事情。

金奶奶的治疗过程并不顺利，由于她长期大量服用安定类的药物，对于其他类型的睡眠药物并不敏感，加上减量安定类药物所出现的戒断反应，住院前期，金奶奶的病情反而越来越重，甚至还说自己的东西在病房里被偷了，她每天都把背包抱在怀里，睡觉的时候也不放下。

经过我们的不懈努力，及时更换药物，调整剂量，住院一个月左右，金奶奶的病情得到了控制。

当我们再次提及她家进小偷的那件事情时，金奶奶显得特别不好意思，自己都忍不住乐了起来，说自己当时也不知道怎么了，不知道为啥会有那些想法。

（梁钧松）

【心理医生面对面】

自苯二氮卓类(即安定类)药物上市以来,以起效快、疗效肯定、相对便宜等优势广泛应用于临床各科,且具有不可替代的地位。

精神科门诊以失眠为主诉的患者,安定类药物使用率为83.1%~91.8%。但是这一类药物的副作用会随着服药时间的延长而更加凸显,特别是对于老年人来说,服用这一类药物的危害更大。

2019年的一项研究发现,安定类药物使患者患痴呆症的风险增加了51%。

所以我们在临床上要谨慎应用安定类药物,对于失眠的患者特别是老年人,要使用更安全的药物,并及时告诉已经服用安定类药物的患者如何换药,如何逐渐停药。

痴呆的早期预防、早期发现比治疗更加重要,发现得越早,干预治疗的越早,患者的恢复情况才会越好,所以我们要时刻关注自己和身边的老人,尽量减少他们罹患痴呆症的风险。

拯救迷迷糊糊的老人

王爷爷今年六十四岁，平时跟老伴儿一起生活，两人均已退休，生育一子。孩子在北京工作，因为身处外地，没有办法照顾自己的父母，平时他也只能在闲暇的时候通过电话了解父母的近况。

据悉，王爷爷在2017年时，记忆力就开始不好，做什么事情都丢三落四的，晚上忘关窗户、做饭忘关煤气都是常事。因为这些事，王奶奶经常跟他生气。但是不管别人怎么说，王爷爷都改正不了，还经常说自己明明都关好了，不是他的错误。

王奶奶发现犟不过他，干脆就不说了，在家的时候就用眼神跟着他，王爷爷做完什么事情，王奶奶都要去检查一下，以防出现什么不安全的隐患。

此后，老两口又一起生活了两年。在这期间，王爷爷的记忆力越来越差，他经常去超市买完东西后忘拿回家，还有时出门溜达后找不到回家的路，好几次都是街道的工作人员还有民警帮忙送回家的。

远在北京上班的孩子特别担心父亲的身体情况，总是想领父亲去医院检查一下，但是因为自己工作太忙，这件事情就一拖再拖，王爷爷始终也没有进行系统的检查治疗。

2019 年的年中，王爷爷的病情逐渐加重，除了记忆力不好之外，王奶奶发现他有时候会说一些不着边际的话，会说自己不安全，说马上就要有人来抓他了，他经常自言自语，低着头说一些别人听不清的话。

王爷爷的脾气也变得不好起来，经常冲王奶奶发脾气，有时候还动手打人。特别是到了晚上，王爷爷的脾气更加暴躁，常会因为一点儿小事就破口大骂，他宁可在房间里反复地来回走，也不上床睡觉。

王奶奶患有比较严重的心脏病和高血压，王爷爷这么一折腾，她的身体也确实是吃不消了，有好几次都得服用速效救心丸才挺过来。

2019 年 5 月，儿子知道的父亲的情况后，特意回到哈尔滨，领着父亲去综合性医院的门诊看病。经过系统的检查，诊断为“脑萎缩”，怀疑是“阿尔茨海默病”，医生开了一些药物，主要是延缓痴呆，辅助睡眠类。

就这样，王爷爷每天在王奶奶的监督、劝导下服用了一年的药物，但是效果也不理想。他每天还是会动不动就发脾气，特别是到了晚上吃完药后，他整个人都迷迷糊糊的，但还是不肯去睡觉，人都站不稳了，还要在房间里不停地走，甚至要出门上外面去，王奶奶拉都拉不住。

王奶奶就尝试着让家里的亲戚来劝劝王爷爷，让他少发脾气，晚上好好睡觉。

奇怪的是，每次家里来外人，王爷爷都表现得特别好，跟外人彬彬有礼，态度特别谦和，但是等外人走了，他就又开始发脾气、不睡觉，晚上反复地折腾。

王奶奶每次给儿子打电话都以泪洗面，她不想给儿子添负担，但是自己也是实在没有什么办法。

孩子最后狠下心跟王奶奶说：“妈，实在不行就把我爸送精神病院住院吧。你的身体也不好，心脏也不好……万一你身体扛不住可咋办啊。”

就这样，王奶奶来到了专科医院。来到诊室后，王奶奶还没说两句话就哭了起来：“孩子，你救救阿姨吧。阿姨也是没有办法了，我跟你叔生活了一辈子，他是老师，他有文化，我们俩这辈子都没红过脸。他之前不是这样的人，也不知道这是咋了，他怎么变成现在这样了呢？”

王奶奶对我说：“我要是不把他送来，我就不行了。我现在天天晚上让他磨得睡不着觉。我这心脏特别疼，天天都靠吃治心脏病的药顶着呢。我不能出事啊，我儿子还没结婚呢，我得把孩子安置好了，你得帮我啊孩子！你叔我就让他在你们医院住了，我不能让他回家了，等我把心脏调整好，把孩子安顿好我再接走他，这样他怎么闹我都行了……”

从王奶奶的话中我了解到，其实他们老两口的关系之前是特别融洽的，只是因为生病的这几年，王爷爷在疾病的影响下，行为、情绪都不受自己的控制。而且王奶奶对精神疾病还有精神专科医院有一定的误解，她认为得了精神疾病就治不好了，来到精神专科医院就得住一辈子，出不了院了。

知道了王奶奶的顾虑还有疑惑之后，我们耐心地给王奶奶进行了科普，告诉她，王爷爷这个病是可以治疗的，虽然现在还无法根治，但是只要按疗程、有规律地治疗，也是可以改善症状的。

而且在精神专科医院住院的患者，并不是来了以后就出不去了，住院的目的是更加系统的治疗，缩短急性期治疗的时间。等王爷爷的症状控制住之后，完全可以回家，逐渐恢复之前的日常生活状态。

王奶奶听到这些话之后，哭得更厉害了。

我知道，这是一种放松，更是一种压抑许久的宣泄。

经过系统治疗一个月后，王爷爷的病情得到了有效的控制。

主任大查房的时候，王奶奶激动地握着主任的手，连声说："谢谢你们！谢谢你们医生！我之前都不知道这个病能治，早知道我早就来了！你们不但救了我家的患者，更是救了我们全家，谢谢你们大家了！"

（梁钧松）

【心理医生面对面】

据世界卫生组织的统计，世界上每3秒就会有一人被诊断为痴呆，其中以阿尔茨海默病为代表，其他痴呆类型还有血管性痴呆、额颞叶痴呆、路易体痴呆等。

目前，全球阿尔茨海默病及其他痴呆症患病人数总计约4380万，女性患病人数(2700万)多于男性(1680万)患病人数。而1990年患病人数仅为2020万，短短二十几年，痴呆症患病人数翻了一番。

其中，在所调查的国家和地区中，中国痴呆患者约1042.7万，接近全球痴呆患病总人数的四分之一，并且以每年增加三十万以上的新发病例快速增长，这已成为影响我国经济社会发展的重大公共卫生健康问题和社会问题。

精神与心理疾病近年来虽然得到了社会上的重视，但是普及率还远远不够，特别是对于老年痴呆患者。

老年痴呆患者一般年纪都偏大，发病早期比较隐匿，容易疏忽，大多数患痴呆症的患者来到医院后，一般都到了重度痴呆的程度，这就加大了临床治疗的难度跟恢复程度。

所以，我们需要普及精神与心理疾病的常识知识，告诉大家，精神与心理疾病是能够治疗的，只要我们经过系统有效的治疗，患者的预后恢复都会有很大的进步，而且部分精神和行为症状是可以减轻甚至消失的。

➡心灵对话

如何预防或延缓痴呆症的发生

1. 均衡营养：避免摄入过多的盐分及动物性脂肪，做到定时、定量、定质，要减少脂肪的摄入，补充有益的矿物质和微量元素，如维生素 B12、叶酸、锌和铁等。

2. 适度运动：维持腰部和腿脚的强壮，每天快走 40 分钟到一小时，可以促进血液循环，增加大脑供氧。经常活动手指，可做手指操。

3. 规律生活：避免过度饮酒，要戒烟，作息有规律。

4. 对于一些老年常见病，如高血压、动脉硬化、糖尿病等应该以预防为主，养成定期体检的习惯，争取早发现早治疗。

5. 保持情绪稳定，避免过度焦虑、紧张；应保持豁达乐观，接纳正常的生老病死。

6. 保持良好的人际关系，不能脱离社会独居。

7. 保持学习和对事物的好奇心，经常和年轻人一起交流，活到老学到老。

8. 经常参加公益活动，升华自己，找到自己生存的价值。

9. 力所能及地做家务，制作美食，并与家人分享。

10. 老年人也应该关注自身的仪表、适当打扮和修饰自己。

11. 对异性保持兴趣，有必要的性生活。

12. 保护头部、避免跌倒。

如何照顾患有痴呆症的家人

1. 提供舒适、稳定、安全的生活环境，室内装饰不要过于复杂、颜色应温暖、舒适，不要过分艳丽；物品摆放整洁，不要随意改变家具的位置或是更换室内家具。

2. 保证充足的营养、水分及电解质，提供无骨无刺、易消化、营养丰富的低盐低脂食物。

3. 要尽量保持规律的生活方式，如加强个人卫生、饮食、排便、睡眠训练。

4. 鼓励、协助患者生活自理，关心、督促、帮助患者进行日常生活和个人卫生料理，并给予充足的时间，切忌催促。

5. 尽量满足患者的兴趣爱好和合理要求，积极带领患者参加集体活动和做简单有趣的工娱(工作、劳动、娱乐和体育活动等)治疗，并表扬患者每一点进步。

6. 观察患者的体温、心率、呼吸和血压等生命体征的变化，在高血压、冠心病患者的血压突然增高、出现心前区疼痛时要警惕是不是心力衰竭、心肌梗死及脑血管疾病，预防意外的发生。家中常备相关治疗药物，并定期做体检。

7. 要尊重患者，和蔼可亲、细心耐心地倾听患者诉说，适当的引导话题，切忌责怪。

8. 患者常因记忆力、定向力障碍而焦虑、苦闷，家人应经常对其进行定向力的训练，与其讨论真实的事和人，护理人员尽量固定，便于其识记。

9. 维护患者的自尊，尊重其隐私权。

10. 和专业医生保持联系，关注患者病情的变化，掌握必要的疾病知识，及时就医，对于需要药物治疗的情况应遵医嘱、不要随意断药。

第四篇
失眠——丢失的梦境

失眠是一种常见的睡眠障碍，以频繁而持久的入睡困难或是睡眠满意度不足为特征，这种情况每周至少发生三次并持续一个月以上。

失眠可能是由生理因素、精神因素、环境因素、生活行为因素、疾病因素等原因引起的。失眠也是导致抑郁症发生的一个重要危险因素。

老年人是最关注睡眠，也是最容易发生失眠的群体。

➡心理小测

睡眠状况自评量表

下面的10个问题是了解您睡眠情况的，请在最符合自己情况的每个问题上选择一个答案打“√”，时间限定在近一个月内。

1. 您觉得平时睡眠足够吗？

①睡眠过多了 ②睡眠正好 ③睡眠欠一些 ④睡眠不够 ⑤睡眠时间远远不够

2. 您在睡眠后是否已觉得充分休息过了？

①觉得充分休息过了 ②觉得休息过了 ③觉得休息了一点儿 ④不觉得休息过了 ⑤觉得一点儿也没休息

3. 您晚上已睡过觉，白天是否打瞌睡？

①0~5天 ②很少(6~12天) ③有时(13~18天) ④经常(19~24天) ⑤总是(25~31天)

4. 您平均每个晚上大约能睡几个小时？

①≥9小时 ②7~8小时 ③5~6小时 ④3~4小时 ⑤1~2小时

5. 您是否入睡困难？

①0~5天 ②很少(6~12天) ③有时(13~18天) ④经常(19~24天) ⑤总是(25~31天)

6. 您入睡后中间是否易醒？

①0~5天 ②很少(6~12天) ③有时(13~18天) ④经常

(19~24 天) ⑤总是(25~31 天)

7. 您在醒后是否难于再入睡?

①0~5 天 ②很少(6~12 天) ③有时(13~18 天) ④经常(19~24 天) ⑤总是(25~31 天)

8. 您是否多梦或常被噩梦惊醒?

①0~5 天 ②很少(6~12 天) ③有时(13~18 天) ④经常(19~24 天) ⑤总是(25~31 天)

9. 为了睡眠,您是否吃安眠药?

①0~5 天 ②很少(6~12 天) ③有时(13~18 天) ④经常(19~24 天) ⑤总是(25~31 天)

10. 您失眠后的心情(心境)如何?

①无不适 ②无所谓 ③有时心烦、急躁 ④心慌、气短 ⑤乏力、没精神、做事效率低

结果分析:

自评结束后,请把 10 个问题中的各项分数,按①为 1 分,②为 2 分,③为 3 分,④为 4 分,⑤为 5 分,相加得到总分。

总分范围为 10~50 分;总分数越低,说明睡眠问题越少;总分数越高,说明睡眠问题越重、越多。

难得一见的“急诊患者”

在临床上，我们看到的大多数有睡眠障碍的患者，都是得病时间比较长，一开始自己会吃一些改善睡眠的药物，等到自己调整不好了，才会下决心来我们精神科看病，所以一般来看睡眠疾病的患者都是见不到外伤的。

但是有一位患者比较特殊，他是一位七十岁左右的老人，来到诊室的时候头上包着纱布，前额中央偏右侧隐隐可见一片微红，应是渗出的血迹，左侧颧骨周围的面部有红肿，表皮的擦伤隐隐有红色的血液透出来，一看就是刚处理的头部外伤。

作为精神科睡眠障碍门诊的医师，我确实很少见到这样带着“新鲜”外伤来就诊的患者。我的第一印象是——“这是一个抑郁症自杀的患者”，但是家属随后的说法推翻了我的猜测。

“老人是来看失眠的”，经过仔细问诊，我发现，老人从年轻的时候开始，睡眠就和正常人不太一样：睡觉总是“不老实”，手刨脚蹬的，老伴儿一直深受其苦。六十五岁之后，老人的症状更严重了，家人对他一直都不放心，担心他在睡眠中会打人。

老伴儿早已经不和他同床了，但是他就算自己睡，也很不安全。有一次，他因为在睡眠中挥拳，打到了床边的墙壁上，导致指骨骨折。

从那时开始，老人的床就被摆到卧室中间。因为家人担心他睡着后梦游下地乱走，所以房门也总是会上锁。而因为他总是在睡梦中大喊大叫，所以第二天会感到特别疲惫，总是觉得自己没有休息好。此外，还有好几次他从床上掉了下来。

家人早就想领他来看病，但是老人很倔强，觉得这是“鬼上身”，不认为自己是生病了，所以宁可去当地“跳大神”也不愿意去医院看病。

这次是因为来院前一天，老人睡觉后突然陷入梦境，闭着眼睛起身开始梦游，他往门外跑，头却撞到了门上，摔倒后磕破了头。在去医院包扎时，急诊科的医生建议去精神科看看病。但是家人和老人的内心实际上都比较抵触，他们怀疑：“老人真得了精神病?”

我们仔细询问老人事情的经过，老人回忆说，自己是在做梦，与人在梦中有争执。在梦中，自己感到极度的压抑、恐惧，想要寻找逃生之路，看到有一扇门开着，就攒足全身的力气朝着门口跑，但是“咚”的一下就撞到了门上。醒来后发现，自己倒在床旁地板上，只觉头部一阵剧痛，家人都被惊醒了，手忙脚乱地送他去医院治疗。他现在还是觉得奇怪，而且后怕。

我们给患者和家属详细分析了病情，告诉他们，患者实际上是得了一种睡眠疾病，叫做“快速眼动睡眠行为障碍”。

这种疾病可发生在任何年龄段，但以五十岁以上的男性多见，患病率在一般人群是0.38%，老年人中是0.5%。其常见的主诉是与睡眠相关的受伤，与睡眠梦境相关的行为表现丰富多样，包括讲话、大笑、喊叫、哭泣、咒骂、做手势、伸手、抓握、上肢连续打动、拍击、拳击、踢腿、坐起、跃下床、爬行和奔跑等。

老人于梦中行走的行为，在“快速眼动睡眠行为障碍”中非常少见，而他想要离开房间的情况就更为罕见。这种疾病发作时眼睛通常保持闭合状态，患者做出的是梦境中的动作而非对现实环境的动作反应。发病时，一般会发生与睡眠相关的伤害，受伤的可能是本人，也可能是同床的配偶或亲友。

最终，我们给老人做了多导睡眠图检查，进一步确定了此前的诊断。因为本病有与神经认知功能疾病共患病的可能，所以我们也建议老人做进一步的神经系统检查，相应的，还给他制定了治疗方案。

在我们的耐心解释后，患者和家属都打消了顾虑，老人知道自己是生病了，不是“撞邪了”，所以同意治疗，儿女们也松了一口气。

（徐　佳）

【心理医生面对面】

从本病例中我们不难看出，在生活中还有很多疾病并不常见，所以会导致人们不理解或是接受不了，把疾病妖魔化。所以建议大家相信科学，身体或是心理有了状况要及时就医，以免耽误治疗时机。

不解乏的睡眠

2019年，我的一位患者第一次来到门诊看病，她第一句话就是："大夫，你救救阿姨吧！阿姨睡不着觉啊，我来你们医院是别人介绍的，这是我最后一步了，我就靠你们了！"

阿姨把她所有的希望都寄托在了这次治疗上，这也让我们对她的治疗更加谨慎起来。

阿姨年轻时生育过后，就开始睡眠不好。丈夫在外地打工，她自己一个人养育孩子，白天要下地干农活、照顾年迈的父母，晚上孩子总是哭闹。阿姨逐渐开始睡眠不好，即使孩子睡着了，她也总是被惊醒，醒了就更加难以入睡。因为前一天晚上睡不好，她第二天白天就感觉心慌，没有精神头。

当时阿姨也没有特别在意，以为孩子长大了，自己的睡眠状况慢慢也就好了。但随着年龄的增长，阿姨的睡眠质量越来越差，每个月都有几天整夜睡不着觉的时候。

后来阿姨在家人和朋友的推荐下四处求医，中药吃过五味子、柏子养心丸、朱砂安神丸等，刚开始吃的时候还有一些效果，但是时间一长就都不好使了。

西药也尝试服用安定类药物，但是她听说安定类药物的副作用太大，时间长了容易上瘾，她就不敢经常吃了，只有在偶尔睡得特别不好的时候，晚上才起来吃半片。

阿姨说，这么多年，从孩子出生到上大学，安定类药物就一直没停过，家里一年四季都备着，出门的时候，想的第一件事就是要准备几片药，以备不时之需。

前几年，阿姨还能买到一瓶一百片的药，但最近几年，国家对这一类安眠药管理得特别严格，门诊医生每次就能开出十片，还需要间隔两周的时间才给开。

现在孩子大学毕业，参加工作了，每次都跟母亲说，让她去旅旅游、散散心。但是因为担心自己的睡眠问题，阿姨始终哪里都没去，甚至过年过节她连亲戚家都不敢去，因为换了一个环境，她的睡眠就会更不好。

2019 年，阿姨的丈夫去世，她睡眠问题再次加重。入睡慢，睡眠时间短，躺在床上翻来覆去的睡不着，她手里的安定类药物从偶尔服用变成天天晚上服用，从服用半片加量到每晚两片，但是睡眠质量依旧不高。

孩子担心母亲的身体，把她接到自己身边。据孩子介绍，母亲有时候晚上确实睡着了，都能听见鼾声，但是母亲却说自己没睡着。

家里人担心，会不会是因为阿姨身体出现了问题，才会睡眠情况这么不好。

之前家里人带着阿姨去三甲级综合医院做检查，头部核磁、胸部平片、心电图、腹部超声、各种血化验，能查的都做了检查，但是始终没有发现什么明显的异常。

阿姨也在综合医院医生的建议下，更换了多种安眠类药物，但是效果始终不理想，睡眠问题不但没有好转，还出现了一些药物不良反应，比如头昏无力、记忆力减退等症状。

万般无奈之际，在老家亲戚的推荐下，阿姨来到了专科医院睡眠科的门诊。

我们仔细询问病史之后，发现她所有的症状都是围绕着睡眠问题展开的，阿姨虽然也存在轻度的情绪问题及躯体症状，但是这些症状也是继发于睡眠问题之下的。来院前，她做的各项检查也能排除是躯体疾病的原因导致的睡眠障碍。

考虑到阿姨的睡眠问题已经严重影响到她的日常生活，我们给阿姨诊断为睡眠障碍，当天晚上就对她进行了睡眠呼吸监测。

这是睡眠医学中心专门监测患者睡眠情况的，包括：呼吸、心率、脑电、眼动、腿动、需氧饱和度等指标，就像是给患者的睡眠情况画了一个“像”。监测结果回报，阿姨晚上并不是没有睡眠，而是所有的睡眠都处于浅睡眠阶段。

在浅睡眠这个阶段，阿姨可能会听见周围的声音，会反复的惊醒，会不停地做各种各样的梦，这样就能解释为什么家里人明明已经听到了阿姨打鼾的声音，但是阿姨却说自己没睡着的原因。

这种浅睡眠状态是不会帮助患者恢复精力与体力的，所以阿姨在第二天早上起来后会感觉特别疲倦，一点儿都不解乏。

根据阿姨睡眠问题的特点，我们经过综合考虑，给予她改善睡眠深度的抗抑郁类药物，并加了小剂量的抗精神病药物，逐渐减轻安定类药物的副作用。

就这样，阿姨因为长期服用安眠药的不良反应消失了，通过系统治疗，深度睡眠也逐渐恢复，经过两周的调整，阿姨的睡眠问题基本恢复正常。

（梁钧松）

【心理医生面对面】

人类睡眠主要分为快速眼动睡眠和非快速眼动睡眠。整夜睡眠中，从非快速眼动睡眠到快速眼动睡眠每90~100分钟作为一个周期间歇交替出现，每夜5~6个周期。

非快速眼动睡眠和快速眼动睡眠的生理功能不同：非快速眼动睡眠恢复体力；快速眼动睡眠恢复精力和记忆。

从生理角度讲，不同年龄段的人，睡眠总时间不同，随着年龄的增长有逐渐缩短的趋势。新生婴儿16~20个小时；幼儿9~12个小时；儿童9~10个小时；成年人7~8个小时；老年人5~6个小时。

我国自古就有“日出而作，日落而息”的说法，是指我们的作息时间应该有规律，应该尽可能地和大自然的规律相适应；提倡春夏应“晚卧早起”，秋季应“早卧早起”，冬季应“早卧晚起”。

正常人睡眠时间一般在每天8小时左右，婴幼儿或是体弱多病者应适当增加睡眠时间。

在生活中，健康人群对于睡眠时间的需求因为年龄及个体差异而不同，因此不能一刀切。相对于睡眠时间的长短，睡眠的质量对人的健康影响更大。

药物成瘾不可取

近些年，随着生活节奏的加快和社会压力的增加，老年人失眠障碍的发生率日益增加。可以说，良好的睡眠已经成为当代社会的“奢侈品”。

几年前，我碰上了一位看起来“不简单”的吴阿姨，之所以这么说，是因为这位阿姨完全看不出年龄。

第一眼看到吴阿姨时，感觉她就是位三十多岁的魅力女性，姣好的容颜配上精致的妆容，波浪般的长发，衣品非常好，浑身散发着成熟女性的独特气质，唯独眼神中流露的疲惫和犹豫，出卖了她身心状态不佳的秘密。真的很难让人相信，她其实已经是年过花甲的阿姨。

我猜测这难得的美丽背后定是蕴藏着常人难以想象的自律。

尽管岁月从不败美人，但美人却败给了睡眠。

吴阿姨的苦恼就是她的睡眠问题。她之前是文工团的一名演员，虽然现在已经到了退休的年龄，但闲不住的她还是会有演出。

她已经被失眠问题困扰了十多年。七年前，一位朋友给了她一粒安定类药物，她获得了一次满意的睡眠以后，就依赖上这种药了。从一开始的半片就好用，到现在每晚服用两片也不能入睡。

最近，她发现自己的记忆力开始变差，注意力不集中，碰上演出就烦躁得不行，必须在白天口服少量的安定类药物才能维持自己的正常工作。她这才意识到了问题的严重性，所以来求医。

药物成瘾的问题发生在这位美丽的阿姨身上，让人非常不忍。

坦白讲，精神科医生遇到这类问题都很头痛。这种问题想解决既需要时间，也需要毅力，更需要调整患者的认知，让她学习放松，学会应对焦虑，还要努力去改正生活中的很多坏习惯。从临床经验看，并不是所有的患者都会成功戒除药物成瘾的。

药物替代是解决这类问题的第一步，用其他成瘾性小的药物逐步替代安定类药物，同时把安定类药物慢慢减量，每两周减掉四分之一片的药量，可谓是非常地缓慢了。

吴阿姨自己也非常有毅力，尽管有时还会感觉身体不舒服，但她仍在一直坚持着。

后来，当她回忆起那段戒除药瘾的日子时，意味深长地跟我说：“我在出汗、心慌、憋闷地想哭的时候，就突然起身开始跳舞，不停地跳舞，咬着牙，度过那些属于自己的不安时刻。”

我不禁赞叹，吴阿姨竟用属于自己的方式来应对焦虑，不仅有效，而且独特。

心理上的认知重建也是必要的睡眠健康教育工作。我帮助吴阿姨对失眠问题进行了重新认识，纠正她不合理的睡眠认知，还使用睡眠问卷了解吴阿姨对睡眠的信念和态度，有针对性地进行睡眠教育，比如“既然以前都失眠过，好几次都没事，今晚睡不好也不会有太大问题”等。缓解吴阿姨对于失眠所产生的紧张、担忧的情绪。

失眠的行为疗法也要跟上，专业术语叫“刺激控制法”，也就是要重新建立床和睡眠之间的联系，要重新建立那种“看到床就有想睡觉的感觉”。

有太多的人在床上做着和睡眠无关的事，如看报纸、听广播、吃零食等，这些习惯对睡眠不好，需要改正。

正确的做法是，困倦了再上床，不在床上做和睡眠无关的事情。如果你躺在床上，感觉自己睡不着已经半个小时以上了(不要看表，心里感觉时间差不多即可)，就要离开床去做点别的事情，但不能是令自己太兴奋的事情，等到困倦了再重新回到床上。

其实这么做主要是为了一件事，就是令自己有“触景生情”的感觉。就像有些人看到某物就想起某个人一样，要一看到床就感觉到困倦，这是利用了行为学中的条件反射原理。

大约过了四周的时间，吴阿姨感觉治疗有点成效。对我也逐渐信任起来，聊得越来越多了。

“其实很久以来我都感觉自己的才艺很难进步了，没有灵感，被人冷落，容貌焦虑……”她叙述这些的时候显得非常无奈。

“您没人能倾诉吗?”我很疑惑。

“没有，我现在单着呢。有一个儿子已经成家。”

关于失眠问题也有些深层的心理学解释：深度放松和良好睡眠，必须建立在一个基础上——你能感受到这世界上除了你之外还有另外一个人真切地存在着。

每一个不能深入放松和良好睡眠的人，都有一份孤独感，如果你的世界里只有自己一个主角，那自然要掌控一切不敢放松，一旦放松，就会担心有灾难或失控的事情发生。

在事业上，吴阿姨有“失控”的感觉，在生活中也没有人能真正理解她的痛苦并为她分担压力。但我觉得，这位有魅力的阿姨应该不会缺少追求她的人。

“我觉得一定有很多男士追求您吧。”我把失眠的深层涵义给她做以简单陈述，并提出了我的疑问。

她沉默了，我感觉到她理解我在说什么。

“我也曾努力找一个男人在一起生活，但却没有办法真正融入彼此……”她非常平静地说完这句话，之后很快转移了话题。我猜陷入这种思考可能令她感觉有些不适。

在这之后她依然很有毅力地在睡眠的认知和行为上做很大的调整，终于她慢慢地好了起来。虽然现在还偶尔会服用一些成瘾性非常小的药物维持，但是记忆力、注意力都比之前强多了，也不需要在演出前服用安定类药物了。

她觉得治疗非常有效果，也非常开心。其实药物戒断的成功和她那顽强的毅力和良好的悟性分不开，也和她对我们治疗的信任息息相关。

偶尔，我会想起那天她跟我说起的，关于人与人之间无法真正了解和适应彼此的话题，每次都感到无比心酸和无奈。

后来我在一部话剧《柔软》中，听到这样一句台词：“每个人都很孤独，在我们的一生中，遇到爱，遇到性，都不稀罕，稀罕的是遇到了解。”当时，我一下子就想起了这位吴阿姨。

（伊　凤）

【心理医生面对面】

药物滥用与睡眠障碍有着密切的联系，一方面睡眠障碍是药物滥用引发的身体症状之一；另一方面睡眠障碍会恶化药物滥用的程度。

治疗焦虑障碍的方法中有一种叫运动疗法。药物依赖的吴阿姨所用的睡眠问题的干预措施是跳舞，这可以算是行为疗法中的运动疗法，这种方法可以有效地缓解药物戒断所带来的焦虑问题。

有意思的是，吴阿姨一开始在运用这种方法时，并没有经过心理医生的特意指点，而是利用自己的特长（会跳舞蹈），在优秀的悟性和顽强的毅力的支撑下，无师自通又恰到好处地选择了正确的治疗方法。

若条件允许，大家不妨借鉴一下。

控制欲强的母亲

我们都知道，母亲对于孩子，对于家庭，是十分重要的存在。但如果一个母亲特别强势，特别想要控制家人的行为，那会怎样呢？

赵医生是哈市心理医院一名资深心理专家，对于处理家庭心理、亲子关系等问题尤其擅长。

这天，赵医生在心理门诊接诊了一位非常有代表性的短期失眠患者包大姐。

包大姐刚坐下就开始控诉："医生，我已经两宿没睡觉了。现在头昏脑涨的，你帮我开点睡眠药，解决一下我的睡眠问题吧。另外，我有一个问题想咨询你——我现在非常生气，我本来想找我儿子的相亲对象谈谈，但是顾忌我好朋友和中间介绍人的关系，又怕得罪人家，我就想问问你，我究竟应不应该去？"

短期失眠患者，多数是因为心理问题，想必包大姐的失眠也是和此事有关吧。

赵医生询问："发生什么事了？"

"我儿子三十多岁了还是单身，我好朋友好心想给我儿子介绍对象，就找了另一个中间人，说有个女孩，这好、那好的。我做母亲的吧，就想着两个孩子看对眼就行。我儿子去相亲的时候，我千叮咛万嘱咐，最好领女孩吃个饭，别太抠，去个好点儿的饭店，像样的。插一句，我们家呢，平时没有上饭店吃饭的习惯，逢年过节来亲戚什么的，都是在自己家里弄。”

阿姨说到此处调整了一下姿势，随手把挎包放在桌子上继续说：“结果，我儿子回来就吊个脸，不高兴。我一问，咋样了？我儿子说，就那样吧。我就追问，究竟咋样呢？我儿子就开始抱怨我，‘妈，你还说非得去正规饭店，就因为个吃饭的事……’后来我继续追问才知道，那女孩问，去哪儿吃饭？我儿子说，你随意。女孩说，那去吃快餐吧。我儿子说，快餐不健康。女孩说，吃火锅呢？我儿子说，有味。女孩说，吃川菜吧。我儿子又说，好像是说对皮肤不好……反正因为这个吃饭的事儿，女孩就跟中间人说我儿子一堆不好的话，好像我儿子办事不敞亮。我想啊，是我好心办了坏事呢，是我劝我儿子去正规饭店的，我现在要找那女孩去理论一下。”

“你儿子平时也这么磨叽吗？”赵医生问。

大姐忙说：“不是，他就是……”

赵医生感觉眼前这位大姐对这件事的认知完全没抓到重点。

“你要找女孩理论什么呢？你想告诉女孩你儿子是个‘妈宝男’吗？你儿子事儿是有点太多了，相亲这种事，以后处不处八字没一撇呢……相亲吃饭这事重要吗？吃什么重要吗？不过是借着吃饭的由头，两个人聊聊天，看看三观合不合，家庭情况怎么样，有没有条件，有没有机会相处，能不能发展吗？你儿子还没明白相亲吃饭是为了什么呀！”

“那是因为我告诉他去正规饭店，我得去解释呀！”

“那你儿子倒是正规办事呀。大姐，你看，你还不认为是儿子有问题呀，你去解释这事儿，告诉人家女孩这是你的嘱咐，那你儿子自己一点儿主意都没有啊。三十多岁的人了，自己对于相亲没有一点儿想法，去吃什么、在哪吃都得听你的。都聊了些什么、相亲怎么样，回来都得跟你汇报。这不是妈宝是什么呀，大姐。那女孩说的没错呀，是你自己潜意识不愿意承认呀。你平时管得太多了，控制他太多了，你都管三十年了，你管明白了吗？现在你儿子被管得寸草不生了呀。”

“不是的，医生，她跟介绍人说我儿子不敞亮啊！咱也不能说女孩修养有问题。”包大姐继续采用“否认”的心理防御机制，并且开始攻击女孩了。

“大姐，咱不能这么说话，你儿子在别人眼里也不一定修养有多好。你是不是认为你儿子一点儿错都没有？你儿子现在被人说了，被人戳到痛点了，你被挑战权威了，所以你急了。你发现没？大姐，我问你，如果现在有人说你儿子道德有问题，拈花惹草，你会怎么样？你会一笑了之，为什么？因为你不会对一个莫须有的事情动怒。你现在急了，生气了，想这个事想得睡不着了，因为女孩说到了你儿子的问题所在，你被人刺痛了，你难受了，你不愿意承认这么多年，你把儿子培养成‘妈宝’了。你儿子现在三十了找不到对象你着急了，我能理解。你找朋友介绍，又托中间人，但你儿子找不到对象是有原因的，你当务之急是改变你自己和你儿子的相处模式，让他自立，有自己的想法，对事情有自己的判断能力，敢决断也敢担当，能负责任。而不是相亲不成功回来就跟你抱怨，然后你还认为是自己的错，要去帮他解决。你现在要改变和你儿子这样的关系，不能在被窝里搂着了，让你儿子长大，到那个时候，不用你找人介绍，他的姻缘自然就来了。”

“那倒也是。”包大姐说话声音小了下来。

可能心里是有点难受，可能她还不愿意接受，不过，她却不得不接受这个现实。

包大姐继续说：“我现在就想，别让我朋友和中间人为难……”她又为自己的想法找了个理由。

“那女孩说都说了，你去解释，她能收回她的话吗？你想控制一切，你甚至想控制女孩怎么说的，你控制得了吗？其实你背后还有一层意思你没说，你觉得相亲吧，看不上就看不上，一拍两散。但你不愿意被人家说你儿子有问题，你担心介绍人和好朋友用异样的眼光看待你儿子。你心里特别不是滋味儿，你觉得自己丢了面子。其实吧，你儿子在别人眼里没那么重要，只有你自己当回事。”

包大姐没再吭声，有点不敢抬头。

赵医生继续说：“这件事你换个角度看，可能是个好事，令你反思自己的问题。你是母亲，你对儿子的爱当然可贵，但不是爱得越满就越好。母爱和世间别的爱都不同，它伟大就伟大在它是以能分离为成熟的标志的。”

包大姐继续沉默，好像在细细琢磨医生的话。

赵医生继续说：“我给你开点短效睡眠药，供你短期使用，你不要连续每天吃超过一周。我刚才对你的开导，你回去以后好好琢磨一下。如果你的睡眠问题没有改善，还在纠结此事，还需要再次来诊。”

（伊　凤）

【心理医生面对面】

有个强势控制的母亲，对孩子和家庭究竟有多大伤害呢?

奥地利著名心理学家阿德勒有个精彩的论断：假如母亲较富于权威性，整天对着家里其他人强权控制，女孩们可能模仿她，变得刻薄好挑剔；男孩子则始终站在防御的地位，怕受批评，尽量寻找机会表现他们的恭顺。

就像本案例中，强势的母亲在家里说一不二，儿子则没有自信，没有主见，情绪不稳定，最终事事过分依赖母亲，成为妈宝男。

养育孩子，最难的是不打扰，对于控制欲强的母亲，尤其要学会这一点。

心灵对话

自我调节缓解失眠

如果你或者你的家人出现了失眠，首先不要慌，因为绝大多数的失眠都是“一过性”(指某一临床症状或体征在短时间内出现一次)的，我们的大脑通过自我调节，很快就会恢复正常。这里给大家以下六点建议，来缓解失眠：

(1)首先应该分析失眠的原因，找到原因对症治疗很重要。

(2)失眠患者在治疗中非药物治疗是首选，包括失眠认知行为治疗。

(3)如果必须使用药物，应选用成瘾性小的药物。

(4)应该关注影响睡眠的心理疾病，尽快就医。

(5)对于患长期严重睡眠障碍的老年人应该降低标准，不要强求一定保证每天 8 小时的睡眠时间。

(6)不建议长期服用苯二氮卓类药物。

“安定”是对于苯二氮卓类药物的统称；这类药物存在依赖性和较为严重的戒断反应，连续服用此类药物几周后，其药效可能会有所降低，并产生耐药性，如果需要保持原来的效果就需要增加剂量。如果突然断药，还会引起原有症状的反弹和加重。此类药物还有肌肉松弛的作用，会导致老年人摔倒。而且有研究表明，该药会增加老年人的认知功能障碍，导致痴呆症的发生率增加。

保持良好睡眠的六点建议

以下是对于大多数人都适用的保持良好睡眠的六点建议。

1. 睡眠方向

睡觉要头北脚南。人体随时随地都受地球磁场的影响，在睡眠的过程中大脑同样受到磁场的干扰。人睡觉时采取头北脚南的姿势，使磁力线平稳地穿过人体，最大限度地减少地球磁场的干扰。

2. 睡觉姿势

身睡如弓效果好，向右侧卧负担轻。研究表明，“睡如弓”能够恰到好处地减小地心对人体的作用力。由于人体的心脏多在身体左侧，向右侧卧可以减轻心脏承受的压力，同时双手不要放在心脏附近，避免因为噩梦而惊醒。

3. 睡觉时间段

无论是“夜猫子”型的人还是“早睡晚起”型的人，都应该找准自己的生物钟，提高睡眠休息的效率。传统中医理论认为，子(夜间11时到凌晨1时)、午(白天11时到13时)两个时辰是每天温差变化最大的时间，这一段时间人体需要适当休息。

4. 睡眠环境

在卧室里应该尽量避免放置过多的电器，以确保人脑休息时不受太多干扰。此外，也不要戴表、假牙和蓝牙耳机等物品睡觉，睡前要远离手机，否则会影响身体的健康。

5. 睡眠态度

睡眠不是你的全部，对待睡眠的态度有时候特别重要。对于不同的人，睡眠时间是存在差异的。只有身心健康才能有高质量的睡眠。

6. 睡眠行为

白天不上床，早上不赖床，白天不补觉，不到睡觉时间不上床，建立睡眠与卧室或是与床之间的条件反射。

北京大学第六医院（北京大学精神卫生研究所、北京大学精神卫生学院）的孙伟老师，总结了治疗失眠的心理行为治疗五字要诀："上下不动静"——晚十点半上床，早五点半下床，不补觉不午睡不赖床，动以强身乐眠操，静坐冥想一小时。

第五篇

双相障碍——错位的愤怒

双相障碍学名为双相情感障碍，典型的症状是既有躁狂发作又有抑郁发作，是一种常见的也是较为严重的精神障碍。

当躁狂症发作时，患者有情绪高涨、言语活动增多、精力充沛等表现；而当抑郁症发作时，患者又常表现出情绪低落、愉快感丧失、言语活动减少、疲劳迟钝等症状。

一部分患者可自愈，轻度发作即便不加治疗也可能在一段时间后自发缓解。但另一部分患者如果不加以治疗或治疗不当，则无法自愈，复发率很高。

➡心理小测

心境障碍问卷(MDQ)

您是否曾经有一段时间与平时不一样，并且在那段时间里有下列表现(请在“是”或“否”中选择相应答案)：

1. 你曾经有一段时期与平常的你不一样，你感到心情非常好或者非常开心，其他人认为你与平时不一样，或者因为特别开心、兴奋而给你带来麻烦？

是　　否

2. 你特别容易激动，好指责他人，或易斗殴或争吵？

是　　否

3. 你比平时更充满自信？

是　　否

4. 睡眠比平时明显减少，但你并不感到缺乏睡眠？

是　　否

5. 你比平时更健谈或说话速度特别快？

是　　否

6. 你感到思维迅速、想法特别多，或者难以减慢你思维的速度？

是　　否

7. 你的专注力很容易随环境的改变而发生转移，注意力很难集中，或很难专心做一件事？

是　　否

8. 你比平时更加精力充沛？

是　　　否

9. 你比平时更加积极主动或忙忙碌碌？

是　　　否

10. 你比平时更加乐于社交或外出，例如半夜还打电话给朋友？

是　　　否

11. 你比平时性兴趣更强烈？

是　　　否

12. 你与平时处事的方式不一样，使得他人感到过分、愚蠢或者太危险了？

是　　　否

13. 花钱大方给你或家人带来麻烦？

是　　　否

分级：总分高于7分，即有7个问题回答“是”的时候，筛查为阳性，需要去医院由医生仔细询问病史，以明确您是否有双相障碍。

不甘示弱的大娘

按常理来说，人年纪大了就要安度晚年，在家含饴弄孙。但是就在今年年初，我收治了一位“不甘示弱”的大娘，她在社区总是“一鸣惊人”。

张大娘今年七十岁，争强好胜一辈子，家里的大事小情都是她出面，丈夫性格温和，也都是以张大娘为中心，拿主意的事情都是张大娘做主，她因此在家里的地位是说一不二的。

证明自己是需要“舞台环境”的。2012 年，张大娘的丈夫出了车祸，严重昏迷，张大娘日夜守护，算是在生死线上抢回了丈夫的生命，但是丈夫却从此瘫痪卧床。

儿女们都有自己的工作和家庭，照顾病人的重担自然就落在张大娘的身上。

张大娘性格外向，根本不是居家照顾病人的人。照顾丈夫一年之后，不但丈夫精神状态抑郁，经常无故发脾气，张大娘也是情绪不稳定，经常和瘫痪在床的丈夫吵架，严重的时候还摔家里的东西。晚上她的睡眠也不好，失眠逐渐加重，还经常和家人找碴吵架。

因为张大娘的女儿经营药店，听人说，张大娘可能是出现了精神问题，因此女儿让母亲服用氯丙嗪（治疗精神分裂症的药）、黛力新（治疗抑郁症的药）等，张大娘的病情有所好转。

就这样维持了几年，到了 2015 年，张大娘开始每年春天就犯病，容易发脾气，而她整个冬天的状态却是正常的。而且她变得特别不愿意说话，药也是随着病情的变化吃：冬天不吃药，夏天犯病就吃氯丙嗪和黛力新。

2017 年，儿女发现她病情加重：根本无心照料老伴儿，经常心烦，说走就走；一不顺心就摔东西，手边有什么就摔什么；看谁不顺眼就和谁打架，有时候甚至和来女儿药店买药的顾客打架……张大娘还认为女儿家的员工勾引她瘫痪在床的丈夫。她总是说些“歪门邪道”的话，家人曾经以为她是中了邪，还找人看“外病”，但是未见好转，看“外病”的先生建议她上医院看看“实病”。

于是 2017 年，张大娘就诊于某医院的精神科，诊断不详，口服左洛复和博思清等进行治疗。但是大娘不认为自己有病需要服药，经常把药藏起来，偷偷扔掉，因此治疗效果不好。

在 2022 年 4 月末，她的病情复发，总是想往外面走，要打车去外地。有一次，出租车司机见她状态不正常，问她家在哪里，她也不告诉，所以司机就把她送到了派出所。大娘可是“不含糊”，直接把派出所的玻璃砸碎了，还把警察也给打了。被家人接回家以后，她把楼下仓买的门玻璃也给敲碎了，还把仓买里的好多酒也给砸了。女儿实在无奈，只能哄骗着她来医院治疗。

住院以后，大娘发现不对，家属叮嘱医务人员一定帮他们哄住大娘继续住院治疗：“告诉她，你们是给她治疗心脏病的，这样一来你们医院花钱少。”

于是，我们和她的女儿一起“演戏”，骗大娘继续治疗。随着时间的推移，我和患者及家属的沟通能力、业务水平在不断提高，“演戏”的能力也得到了锻炼，经常这样配合家属“骗”我的患者继续接受治疗。也不知道自己是“骗子”还是“戏子”，但是大家都说我是好医生。

在我们医患合作治疗的过程中，大娘逐渐配合治疗，睡眠逐渐好转，情绪也日渐稳定。

但是意外发生的猝不及防，一天，大娘突然摔倒在走廊里，嘴唇发紫，无论工作人员如何呼唤，她的反应都不明显。

显然大娘是昏迷了，我迅速与家属沟通，果断建议家属拨打120转院治疗，家属很配合，积极联系120转院，并联系家里的医生亲戚电话会诊，在我院紧急采学化验血糖、血常规等。

在去往其他医院的途中，我们把采血的结果传给陪同转院的女儿。他们联系的医生亲戚，考虑大娘可能是凝血功能出现问题导致的栓塞。

就在送医的途中同时进行着会诊，等120到医院的时候，会诊意见要求检查血清肌钙蛋白测定，查凝血功能相关指标。急诊检查以后，医生根据快速检查结果判断可能是肺栓塞，情况危急，需要紧急手术。

大娘的治疗紧锣密鼓地进行着，手术切除了部分肺组织，在全体人员的接力下，大娘被大家从生死线上抢救回来了。

后来，大娘的女儿送来了锦旗，感谢我第一时间联系120救护车给大娘转院治疗。

家属激动地说：“医生说转院太及时了，晚一会儿就有生命危险，肺栓塞死亡率极高，抢救时机太重要了！”

其实我们全体医护人员也都心有余悸，在临床工作，尤其是精神科临床工作时，我们能够遇到各种各样的家属，也经常不被家属理解，经常被质问为什么得了抑郁症，在住院期间会出现脑梗？甚至有的患者出院以后感冒了，家属都会询问为什么会头痛、乏力、流鼻涕？

所幸还有一些理解并支持我们的家属，如大娘的女儿，她不仅理解我们，而且还送上了锦旗。

（刘淑昱）

【心理医生面对面】

其实，人与人之间，患者与医生之间有时候还是缺少一些信任的，因此经常会出现一些矛盾冲突。不甘示弱的大娘果然有一个不平凡的女儿，虽然这个女儿也曾经急病乱投医的搞过迷信，但是在母亲生死关头她做出了不平凡的决定，在这里我号召所有家属都向她学习，一定要相信并且配合医生！

希望这位不甘示弱的大娘经历过生死后，早日恢复健康！

精力过分旺盛也是病

我们一般人对于七十二岁的老人会有什么样的印象?

“满脸皱纹、走路和说话都很缓慢,有些老人甚至会拄着拐棍儿……”大多数人的答案都是如此吧!

但是,如果我这样描述一位老太太,你是不是会很惊奇:健步如飞、声若洪钟、热衷于所有的活动,洗衣服可以连续洗六七个小时,不用睡觉也很有精神头儿,为了向医生证明自己很健康,她可以在走廊里翻跟头。

你觉得怎么样?是不是不相信这是对于一位老人的描述?

但是,我告诉您,这就是一位七十二岁的老年人。

有朋友又会说:“老年人也不一样,人比人气死人。她之前一定是一个运动健将吧?”

其实事实并非如此,这位老人在半个月前还不是这样的。和普通老年人一样,她走路比较慢,经常会觉得身体哪里都不舒服,还会因为觉得疲劳而不爱出门。

原来她的性格是比较内向的,但是半个月前,她好像突然变了个人似的,感觉自己的身体里充满了力量,困扰多年的腰腿疼的毛病全好了。

家人刚开始时觉得特别高兴，“妈妈终于变得健康了”，但是很快家人发现了不对劲儿：“妈妈的精神头儿太足了，比二十多岁的外孙还强。”

等到老人整夜不睡觉，还不知疲倦地做家务、每天打扫小区的庭院、敲邻居的门督促大家一起跟着她锻炼身体、言辞激烈地批评有宠物的人家需要及时清理宠物的粪便时，家人终于意识到老人是“出了问题”。

经过综合医院神经内科医生的转诊，老人来到了我的诊室。

临床症状评估，老人正处于一种躁狂的兴奋状态。在排除了其他诊断之后，确诊为“双相障碍——躁狂发作”。

经过治疗，老人很快痊愈，但是她本人对于治疗的结果却并不满意：“我现在又变成一个什么也做不了甚至需要人照顾的老人了。为什么不让我一直待在那种状态中？你不知道我有多快乐，我觉得自己很年轻、身体很舒服、头脑也很清晰，你们为什么一定让我再次变老？”

听着她的抱怨，我们也很无奈，尽量给她解释：“躁狂状态的兴奋是一种假象，实际上是在透支你的精力和体力。你在当时体会不到的疲劳实际上并不是真的不存在，而是因为疾病导致大脑过度兴奋，所以暂时麻痹了你的感官，这种疲劳和透支是会积攒起来一起爆发的。”

如果医生不及时干预，她也不会一直保持这种“感觉比较舒服”的轻躁狂状态，可能会变成重度躁狂：会和人不停地争吵、打架甚至出现幻觉妄想的表现。也可能会出现抑郁情绪：觉得什么都没意思，甚至有生不如死的感觉。

以老人目前的状态，如果任由病情发展，这样精力旺盛似乎

“返老还童”的状态也支持不了多久，甚至老人可能会被“累死”。

最终，老人接受了我们的解释，同意按照医生的医嘱治疗。

她对医生说：“我知道自己老了，应该服老。”

（徐　佳）

【心理医生面对面】

上面那位老人的故事也提示我们，作为儿女应该时刻关注老人的心理与情绪的变化。如果和平时相比，老人出现了较为反常的情绪或是行为表现，应该及时就医。因为老年人属于特殊人群，他们的身体和大脑都经不起折腾！

这个老年人还是幸运的，来医院比较及时，没有出现二次损伤。说实话，当听说老人三天不睡觉，洗了一夜衣服的时候，我还没有很直观的感觉，但是当我亲眼看见一个七十二岁的老太太在我面前翻跟头的时候，我是真真切切地浑身冒冷汗……

爷爷的“为老不尊”

七十四岁的年纪本应是儿孙满堂在家里享清福了，但是王大爷却是全家人最不想提起的人。

王大爷年轻的时候曾经被诊断为“双相情感障碍”，因为他总是不好好服药，所以经常会因病情复发而住院。

这次，王大爷因为“调戏邻居小女孩”而被对方告上法庭。家人无奈之下走了司法鉴定程序，根据鉴定结果，让王大爷在医院接受治疗。

刚刚住院的前两周，王大爷特别不配合，他觉得自己没有任何错误，不想吃药，拒绝接受治疗。

他认为自己现在精神头儿很足，“不想让你们把我变傻”。

家人都觉得很丢脸，王大爷住院期间从没人来看他，觉得王大爷都七十四岁了还是不懂事，竟然做出了这样“为老不尊”的事情，儿子甚至认为王大爷道德败坏，想和他断绝关系。

而王大爷对此却无动于衷，他认为自己想要追求幸福，没有任何错误。“老伴儿走了很多年了，我想再重新组建家庭，儿女靠不住。”

住院期间，他也不是一个听话的患者。他经常有意地去女病患的房间，还找女护士搭讪，所以大家都不喜欢他。

直到住院第三十五天，随着病情的好转，王大爷的行为举止逐渐变得得体，并开始反思自己之前的行为，对自己给别人造成的麻烦觉得很后悔。

但是，这些愧疚之情，特别是自己被家人抛弃的感觉，使王大爷陷入了抑郁的状态：在病房中，他经常说自己不配活着，甚至绝食求死。

医生和护士都注意到了他的情况，给他在药物治疗的同时，加入了心理治疗，但是效果不是很理想。

有一次，主任查房回来，大家在办公室讨论患者病情，主任便提问："王大爷的症状始终不见好转，大家说说，是什么样的干扰因素导致了疗效不佳?"

面对主任的提问，大家都积极主动地发言，讨论很热烈。

年轻的梁大夫说："我觉得这个老大爷太可怜了，如果是我自己，住院都几十天了，家人不但从来不来探望，甚至连一个电话都没有，我的心情也好不起来。"

简单的一句话得到了主任的认可："这就是患者持续处于抑郁状态的重要原因。双相情感障碍患者或是其他的精神疾病患者在疾病发作期认知功能下降，行为可能会失去控制，会做出一些常人无法理解的事情。但是在病情缓解期，随着认知功能的恢复，就会感到自责甚至悔恨，因此陷入抑郁状态。而双相情感障碍本身，就是一种情绪容易波动的疾病，在躁狂期会行为鲁莽，所以就会有更多的问题出现，这就给随后而来的抑郁期埋下了伏笔。对于这类患者，不能仅仅从咱们的治疗角度考虑影响因素，而应该关注患者所关注的问题。”

大家都点头表示赞同。

主任接着说：“王大爷现在最关注的，实际上是家人对他的态度。如果家人始终不接纳他，认为他是麻烦、是耻辱，那么无论是什么样的治疗都是没有效果的。所以，现在我们的治疗方向需要调整，明天咱们把王大爷的儿子女儿都约到医院，我和他们一起来谈一下王大爷的情况。我想，只要王大爷家人的态度转变了，王大爷很快就可以病愈出院了。”

我们按照会诊的意见，马上准备和家属约谈，但是过程并不是一帆风顺的。

王大爷的孩子一开始认为医生是在多管闲事，但是在我们多次沟通后，他们终于明白了，家人的支持和理解对于老人病情恢复的重要性，转变了此前的想法。

“原来，我们一直认为我爸是在故意‘作人’，是在给家人抹黑。现在，我们知道了，这是因为疾病所导致的情绪和行为失去控制的表现，并不是他人品不好。”老人的儿女如此说。

最后，王大爷顺利出院，他表示一定会按时服药，有规律地来院复诊，巩固好这来之不易的治疗成果。

（徐　佳）

【心理医生面对面】

双相情感障碍表现出来的躁狂、轻躁狂、抑郁等症状，在患者的疾病进程中常常互相转化或混合出现。

通常患者得病几年，有过几次症状反复。待病情稳定后，通过回顾自己以往的情绪、行为等各种症状，再加上心理教育，患者可能获得对自己双相情感障碍的疾病自知力。即获得对自己躁狂症或抑郁症的了解和认识，从而按时服药，定期复查。

而获得自知力，还可以帮助患者成为管理自己疾病的专家，让患者在下一次出现躁狂症或抑郁症的萌芽期时，及时识别、寻求帮助。

家属也应充分重视患者的自知力时间，积极帮助患者寻求治疗。

心理教育被推荐为干预双相情感障碍的首选。

心理教育的对象是患者及其家属，目标是通过接受病情，了解症状和治疗方案，采取积极的方法来治疗疾病。内容包括双相情感障碍的相关知识、治疗方式以及预后等。家属学习应对病情的策略，要认识到给予患者支持和鼓励的重要性，这样有利于其更有效地帮助患者恢复健康。

心理教育干预通常包括以下内容：

(1)在疾病稳定期，有一个长期固定的心理治疗师，由其向患者及家属解释治疗方案，告知保密问题，签署心理教育协议，解释双相情感障碍的普通概念。

(2)心理治疗师要解释双相情感障碍的生物学本质，改变患者的歪曲认知，降低疾病相关的社会耻辱感，修正患者的负罪感，同时解释抑郁症状，强调坚持药物治疗和接触医生的重要性。

(3)了解复发的危险因素：让患者了解可能使病情复发的情况，如中断服药、应激压力事件等。

(4)帮助患者学会应对的技巧和记录日记，了解自己等。

(5)识别复发的预兆：例如脾气暴躁、花钱大手大脚、睡眠减少等迹象，可能预示着躁狂症发作。

(6)保护性行为：学会识别并多做有助于治疗和改善症状的行为，如多与家人沟通，参与体育活动等。

心理教育是双相情感障碍最具基础性和普适性的心理干预，它能帮助患者了解疾病、配合治疗、控制复发，是药物治疗的必要辅助疗法，也是心理治疗的首选。

此外，人际和社会节奏治疗，以及家庭焦点治疗都可以帮助患者缓解人际关系与心理冲突，建立康复的家庭治疗环境。

这些治疗方法均有完整的治疗设置，均需要配合心理治疗师系统、有序地逐步完成，患者自己和家属很难自行掌握。在此不做详细的叙述。

对于双相情感障碍患者而言，良好的家庭亲情关系可以帮助患者识别和解决家庭内部的困难和冲突。轻松愉快的家庭氛围和亲情温暖可帮助患者持续康复。但遇到大量钱款的问题和违法犯罪的原则问题，则要坚定立场，不可妥协。

总之，心理干预可以作为药物治疗的有效辅助手段，可以有效地帮助与改善双相情感障碍患者疾病反复发作的难题，改善生活质量，提高治疗效果，降低家庭和社会的负担。

半夜打太极

王阿姨今年六十八岁，性格开朗活泼，热爱各种文艺活动，年轻的时候她就是单位的文艺骨干，各种晚会都能看见王阿姨优美的舞姿，听到她嘹亮的歌声。

退休之后王阿姨也没有闲下来，而是积极参加老年大学的活动，带领身边一群志同道合的朋友跳广场舞、打太极拳。

王阿姨因为开朗的性格和扎实的文艺基本功，深受大家的喜爱，大家有什么事情都爱和王阿姨商量，一起想方法解决问题。

2021 年 10 月，王阿姨的情绪出现了一些问题，她开始闷闷不乐起来，去老年大学的次数也越来越少。

朋友去王阿姨家里看望她，想知道她发生了什么事情。王阿姨跟朋友们说，自己感觉太累了，想休息一段时间。

爱人也发现了王阿姨情绪上的异常，她总在自己的房间里躺着，整日都不怎么活动，人也变得特别敏感和脆弱。无论家里人跟她说起什么事，王阿姨都会有所感伤，在房间里偷偷抹眼泪。这跟她之前活泼开朗的性格完全不一样。

王阿姨整个人变得慵懒起来，什么家务活儿都不愿意做，总说自己浑身没有力气。

她的情绪问题虽然引起了家人的关注，但是并没有得到家里人的足够重视。因为家里人都认为，以王阿姨的性格是不可能有心病的，可能是真的遇到了什么着急上火的事儿，过段时间可能慢慢就好了。

没过多久，真的就如家里人预料的那样，王阿姨似乎完全好了，又恢复了往日的笑声，重新投入老年大学组织的各项活动中去了。

但让人想不到的是，虽然王阿姨的情绪已经好了，但却仿佛又逐渐走向了另外一个极端。

她开始变得特别兴奋，每天都不停地跟家人和朋友聊天，能从白天说到晚上。身边没人陪她说话时，她就不停地给家里的亲戚打电话，每天都聊到深夜，仿佛跟所有人都有说不完的话。

王阿姨不但话多，活动也特别多。白天的时候她跟朋友们跳舞唱歌，忙活一整天也不知道疲倦，到了晚上，王阿姨也不休息，跑到小区广场打太极拳，经常自己练习到深夜。每次都得家人去喊她、去拽她，才能把王阿姨接回家，让她上床休息。

周围的邻居偷偷地问王阿姨的家人，到底发生了什么事，怎么那么晚了还不休息呢？上了年纪的人可不能那么折腾。

家里人每次也都只能感谢大家善意的提醒，但是也没有什么好的方法，只能强颜欢笑默默接受现状。

随着时间的流逝，王阿姨的情绪由兴奋变成暴躁，她开始变得特别挑剔，家人稍微不顺着她的意思，她就会大发雷霆。家里有什么事情，她也都说一不二，没有人敢反驳。

王阿姨在言语上也变得夸张起来，吹嘘、说大话，说自己的能力大，家里所有的亲戚朋友都得依靠她，自己以后还有机会挣大钱，要给所有人买大房子。

她花钱也开始大手大脚起来，去商店和超市，看见什么就买什么，从不考虑是否需要，同样款式的衣服一买就是十几件。家人劝她少花钱，她就跟家人发脾气，严重的时候还摔东西、骂人。

王阿姨每天晚上都不睡觉，去外面打太极拳。家里人实在没有办法，就买了几片安眠药，趁着她休息的时候，借机让她服下。就这样，每天晚上王阿姨才勉强能睡二三个小时。

来我院的前一天，也是因为家里发生了一点小事，王阿姨跟家人发脾气，拿起烟灰缸就冲人砸了过去，自己也因为没有站稳，头部磕坏了一个口子。

王阿姨被家人送到急诊外科进行清创缝合治疗，之后由 120 救护车直接送往我院就诊。

我们详细地了解了王阿姨的病史，进行了系统的精神检查，诊断为：双相情感障碍。

办理住院后，我们给予王阿姨情感稳定剂，联合抗精神病药物治疗。

治疗初期，王阿姨情绪还是很兴奋，她像自来熟一样，跟谁都能聊得来，最喜欢去各个病房找人聊天。

她的睡眠问题最先得到了明显的改善，随着治疗的进一步推进，口服药量的递增，王阿姨的情绪也逐渐趋于稳定。

但是，双相情感障碍的治疗并不会一帆风顺。王阿姨情绪稳定了四天左右，又再次陷入低落的状态。王阿姨自述感觉心情不好，总是高兴不起来，一阵阵的心烦、难受。

身边的人一多，她就会特别心烦，干什么事情都提不起兴趣。

考虑到双相情感障碍这个疾病的症状特点，我们又给王阿姨调整了药物治疗方案。

大概一个月的时间，王阿姨的病情才得以稳定，人也恢复了健康。

（梁钧松）

【心理医生面对面】

老年双相情感障碍患者在所有的双相障碍患者中的比例高达25%，且这个比例还在不断地增长。

临床机构的研究数据显示，老年的双相情感障碍患者是老年精神科门诊患者总人数的6%，是老年住院患者总人数的8%~10%。

老年患者的药物治疗急需我们的关注，身体功能的下降和认知的局限，限制了患者的治疗选择及治疗反应。老年患者大量用药的情况极为常见，因药物的耐受性导致后期的症状控制困难，同时不良反应等高风险因素值得我们关注。

老年双相情感障碍患者一般具有反复复发的风险，所以治疗时一定要慎之又慎，用最安全有效的药物，给予患者最优的系统治疗，对他们进行耐心细致的健康宣教，最大程度降低患者的复发率。

被“情绪”吞噬的人

拿破仑曾说：“能控制好自己情绪的人，比能拿下一座城池的将军更伟大。”

的确，情绪就是心魔，如果你不控制它，它便吞噬你。

两年前，我接诊过一位王大爷，他年过六十，无儿无女，父母均过世，独居，唯一的亲人是自己的姐姐。

王大爷的病史时间很长，已经有二十年了，当时四十多岁的他无明显原因地出现了睡眠不好、言语多、吹牛，认为自己掌握了国家机密，怀疑有大领导害自己。

当时他到了我们医院，诊断为双相情感障碍。这是一种以情绪极其不稳定为特征，并且可能伴有精神症状的一类疾病。

在两年多的时间里，王大爷反复多次住院，目前为止已经住院十几次了。

两年前我第一次接诊他时，他没有听医嘱按时服药，结果抑郁症发作了，有些打不起精神，情绪也容易“点火就着”。

他是个非常上进的人，那时他刚刚找到了在一个车队洗车的工作，他很珍惜这份工作，想把工作保住。我也很精心地为他治疗，并且给予他努力工作的想法非常大的支持和鼓励。

的确，作为一名精神科医生，评估患者预后重要的一条就是评估患者的社会功能，并不是只要精神症状没有了，患者就算治好了。如果患者失去了社会功能，不能像个正常人一样生活和工作，即使没有任何精神症状，那也是“精神残疾”。

“精神残疾”指的是各类精神障碍持续一年以上未痊愈，存在认知、情感和行为障碍，影响患者的日常生活和活动参与状况。

所以，像王大爷这样有上进心又积极主动配合治疗的患者真的是很难得的。

然而，最近的一次接触，他的状态非常的糟糕，这次是他的姐姐送他来医院的。

因为他是独居状态，姐姐会定期给他送点好吃的，来看看他，结果发现他好几天没上班了，躺在家里不吃不喝。

一问才知道，他被调换了岗位，这令他十分不满意，再次陷入了抑郁状态。

“刚换了个领导，因为我没给他送礼，就把我调换了岗位。他就是看我不顺眼，逼我辞职。”王大爷生气地说。

对于患者的言语，有些也不可全信，因为他们的想法往往都很偏执。但是现在王大爷的情绪真的非常差，他眼神呆滞，神情迷茫，面无表情的脸上写着“窘迫”二字。

“新岗位就那么不适应吗?”我尝试着开导他。

“那个活儿我真的没法干。不熟悉，干不了。”说这话的时候，他的眼睛没看我，而是直直地看向前方不知何处。我在他的眼睛里看不出任何东西。

“那咱们试着跟领导商量一下，你好好跟他说说呢?”

我这边话音还没落，他辱骂的脏话都出来了。

我赶紧转移话题：“要不这活儿咱不干了。你看，你都这么大岁数了!”

“不干活我怎么生活?低保就那么点儿钱，免费药钱也没多少，根本不够吃药的!”他的语调突然调高，显得有些激动。

我有点担心激怒他，但这句之后我有些无言以对。

沉默半晌。

“那你打算以后怎么办?”我打破了沉默。

“把我逼得没活路了，大不了鱼死网破! 杀了他，我一死了之。”

我心里“咯噔”一下，继续问道：“你有什么计划?”

“我打算点燃煤气……”他停顿了一下，“要不是我姐来了，我现在已经做了。”

我突然不寒而栗，想起两年前在我居住的小区里曾发生过一起煤气爆炸事件……

我努力地安慰着他，给他治疗好转的可能，以及事件可能扭转的希望。在治疗上精心选择适合他的药物，不仅要考虑疗效，还要考虑他的经济能力。

他的病情有任何变化，以及服用的药物有任何副反应，我均询问主任的意见。总之，对于这个患者，我治疗得小心翼翼。

不久之后，他的情绪好转了，眼里有了一丝温度。

我想，人终究都是血肉之躯，不可能对别人的关心无动于衷。他有时还会主动帮护士做点力所能及的事情。

出院前，关于他想杀人和自杀的想法，我跟他的姐姐做了充分的沟通。

他姐姐非常关心他，说要去找他的领导沟通一下，看看具体哪里出了问题，有没有调节的可能。

“如果实在不行，不干这个工作也行。”姐姐说道。

虽然姐姐自己也有家庭，上有老下有小，生活琐事非常繁杂，但她表示不能不管弟弟，她不愿意失去这个弟弟，也不忍心看见弟弟闯祸。

王大爷出院以后，我在精神疾病报告单的自杀及伤害他人的风险等级上填了“最高级别”，并且具体写明了他曾有过的杀人和自杀的计划，还画上了重点号，希望能引起社区精神卫生管理工作人员的充分重视。

后来，王大爷的姐姐带他复诊过一次。告诉我，现在王大爷的岗位又进行了变动，这一次他很满意，又能做得心应手的工作了，他重新找回了自我价值感和成就感，并且获得了应有的收入。

原来，新上任的领导根本不知道他有病这回事，对于他的情绪变化也有所忽略。但经过与王大爷姐姐的沟通，领导表示，对于他想努力工作的想法非常支持，并且愿意提供一切帮助来让他进行职业康复。

（伊　凤）

【心理医生面对面】

精神卫生康复理念一直呼吁，要有针对性地对患者进行职业训练，通过职业活动让患者得到基本的生存保障。

但精神疾病患者常因认知及社会功能障碍导致失业。他们情绪不稳定，极其容易成为社会不安定的因素。

正因如此，他们更需要社会给予一定的重视与帮助以获取急需的利益。换句话说，患者需要拥有一些“特权”才能维持其正常的生存。这类“特权”如福利权、救助权等，一般而言正常的人并不需要或此时并不急需，但对那些有“燃眉之急”的患者来说，这类权利的有无则关系到其能否生存。

严重精神障碍患者的肇事、肇祸行为，往往具有破坏性及突发性，严重威胁社会公共安全。但无论是精神病学、心理卫生学还是社会学都无法单独进行准确的预测和干预。

相关部门应重点关注家庭贫困、文化水平较低、近三年在医院就诊频次较高、有精神残疾证、不参加社区管理的严重精神障碍患者，并对其开展有针对性的干预和制定扶持政策。

社区卫生服务中心是最能直接为精神障碍患者提供服

务的机构，包括给予患者良好的社会支持。

社区卫生服务中心的精神病防治医生进行的定期随访，以及精神康复治疗师有计划的康复活动等，都能够促进患者康复，提高患者生活能力，减少患者的病耻感，减轻家庭与社会的负担。

社区专业医务人员定期随访患者，动态掌握患者的病情，每年提供一次免费体检的机会，对家属或照料者进行健康宣教，如患者出现不稳定的情况，及时帮助患者及家属送医治疗，以减少肇事、肇祸的发生。

心灵对话

双相情感障碍的心理干预策略

双相情感障碍是一种精神心理方面的疾病，主要特点是情绪的波动性，有时患者的情绪会异常高涨，有时会突然情绪低落。

在日常生活中，很多压力性事件都会导致人们情绪的波动，这是很常见的。但如果出现严重且持续的情绪波动起伏，就需要注意是否潜藏着双相情感障碍的可能。这种疾病会严重影响一个人的日常生活、工作和人际关系等。

双相情感障碍通常发生在二十岁左右，起病越早，预后越差，延迟治疗时间越长。

双相情感障碍的首发症状通常是抑郁，在整个病程中，抑郁症状都比躁狂或轻躁狂症状持续的时间要长。基于这个原因，大多数双相情感障碍患者都曾被误诊为重度抑郁症。

老年双相情感障碍，也叫晚发型双相情感障碍(起病于五十岁之后)，通常会有较多的躯体和神经系统的并发症，如脑血管疾病、痴呆症等。

老年双相情感障碍抑郁症发作时，除了有抑郁症的表现之外，多有显著的焦虑、烦躁、发脾气和敌意，躯体不适及不语、不动(精神运动性抑制)较明显。躯体不适以消化系统症状常见，有易激惹和敌意的症状，可出现较明显的认知功能损害症状，严重时类似痴呆。

老年患者躁狂发作多起病急，情绪高涨、思维飘忽、性欲亢进等症状表现不典型，反而表现为易激惹、情感活动不稳定、情感缺乏感染力，常以激惹性增高、兴奋躁动、到处乱跑、爱管闲事等为主要表现。患者可伴有疑心等偏执症状，多为敌对性和迫害性内容。

老年患者的夸大的想法给人一种幼稚的印象。如果在六十五岁以后首次出现躁狂症状，应首先高度警惕脑部器质性病变的可能，需要影像学检查及实验室检查来帮助鉴别。

双相抑郁的心理干预方法

双相抑郁症与抑郁症是两种完全不同的疾病。

在治疗方面，大量临床实践证实，双相抑郁症的治疗难度较单相抑郁症大，患者在治疗过程中的不稳定因素多，也更易反复发作。

对大多数患者来说，抑郁症状占据了双相情感障碍患者生活的大部分时间。

与单相抑郁症相比，双相抑郁症更容易慢性发展，自杀倾向更高，相比较各种心理干预方法，药物更能帮助稳定患者的情绪，缓解抑郁症状。

药物的介入是重中之重。无抽搐电休克技术对于重型双相抑郁症的治疗有非常好的效果，也是目前应对双相抑郁自杀风险最好的办法。医生通过评估自杀风险等级，提出方案，家属此时应配合医生尽快实施方案，以免酿成悲剧。

双相抑郁会让患者看不到未来，他们会感觉艰难的日子无穷无尽。老年双相抑郁症患者可能伴有一些不适的更年期躯体症状，如盗汗、心悸、呼吸困难等。

想要改变患者消极的悲观的心态，以及其他导致抑郁的观念模式，家属需要和心理医生或咨询师一起合作进行。

双相抑郁症和单相抑郁症患者均存在记忆能力、选择性注意、推理及解决问题的能力等方面的认知功能受损，且受损模式基本相同。

双相抑郁症患者常有的认知歪曲有以下几种：

1. 任意推断

在证据缺乏或不充分时便草率地做出结论，患者会有一种“灾难化”的思维，总是想到最糟糕的情况。

例如，很多老年双相抑郁症患者通常“灾难化”自身的各种躯体疾病，对自己的高血压、缺血性心脏病、糖尿病等疾病忧心忡忡，认为自己好不了了，甚至认为自己就快要死了。而真正的原因其实是抑郁情绪的影响让患者产生了这种消极负面的想法。

2. 选择性概括

患者会仅根据事件的个别细节而忽略其他信息便对整件事情做出结论。

例如，自己有一盘菜没有做好，便认为自己这次做的所有饭菜都糟糕无比。

3. 过度引申

在一个事情的基础方面，做出关于能力、操作或价值观的普遍结论。

例如，一位阿姨约见自己未来的儿媳妇时，发现自己服装的颜色搭配有点不妥，便认为自己这次会面的衣着都不得体，认为自己的审美能力极其差劲。

4. 夸大或缩小

夸大自己的失误或缺陷的重要性，而贬低自己的成绩或优点。

例如，某位阿姨照看自己的外孙时没看好，让外孙受了一点儿外伤，便认为自己犯了不可饶恕的错误。某位叔叔的一个投资想法欠考虑，损失了几万块钱，便认为自己是天大的罪人。

5. 两级思维

用全或无的极端化思维来思考，要么全对，要么全错。

例如，认为人只有好人或坏人。作为婆婆，我当不了好婆婆，那我就是坏婆婆，没有中间角色的概念。

6. 个体化

在没有根据的情况下，将全部事件的责任归因于自己，主动为他人的过失承担责任。

例如，一位阿姨认为自己儿子恋爱分手的责任都在于自己没有表现好。

双相抑郁症患者的自信极低、自尊脆弱，家属一定不要批评责怪患者。要通过和患者建立信任的关系，理解、共情，积极关注患者，应更多给予患者耐心和宽容，安抚患者情绪。可以做到以下几方面：

(1)给予患者心理支持后，可以尝试逐步耐心地纠正双相抑郁症患者的认知歪曲，但患者的认知错误也可能多次反复，需要家属多次进行认知矫正，要对患者宽容些。

对抑郁症患者做心理干预时要很有耐心，不要被患者的自我消极认知所影响，比如“我的这种想法很可怕，我好不了了”等。要不断地对患者进行心理暗示，“虽然你还不完美，但却一直在不断地尝试，也一直在进步”。

(2)严重的双相抑郁情绪也可能如何纠正都无济于事，患者所有的注意力都是围绕自己，是以自我为中心的，根本听不进去外面的任何声音，也无法进入客观的、科学的思考逻辑当中，这时候就需要医学的系统帮助。和患者进行每周1~2次的谈话，这对提高他抗抑郁的能力非常重要，多倾听患者，可以了解他的思想动态。帮助他尝试以不同的方法来对抗绝望、无价值感、不愿社交的念头、潜伏的自杀想法等。

当患者流露出想自杀的念头时一定要充分重视，这是他向外界寻求帮助的信号。

当患者曾有自杀念头，但情绪突然好转后，更要充分重视，因为此刻患者很可能已经想好自杀计划，心理上获得了短暂的解脱，所以情绪显得轻松。此刻一定要积极就医，刻不容缓。

(3)行为治疗方面也有一定的效果。一项研究表明，锻炼、瑜伽、冥想和正念练习可以缓解抑郁症状、改善心理状态。

(4)从小事做起。鼓励患者从一点点小事做起，比如，哪怕能够自己刷个牙，哪怕能够看 5 分钟电视，哪怕能够多走两步。多给予患者鼓励和支持。不要低估抑郁期取得的微小成就，它们会为改善健康创造动力。有时候说起来容易做起来难，但是越是能够做自己不想做的事，越有可能更快地走出抑郁。

(5)行动起来。只要能集中精力去做家务、练习广场舞或跆拳道等运动项目，就能够极大程度地帮助患者缓解抑郁症的发作。

(6)简单的自我关怀。寻找简单的应对办法，以确保在抑郁期每天至少吃一顿饭，可以吃一些简单的好加工的食物，例如面包、牛奶、鸡蛋、凉拌菜等。

若一个患者深陷于抑郁时，即便做出了一些尝试也会让他感觉改变无望。但若他感觉到自己的精力和心情有一点点好转，他就会保证每天有一部分时间走出自己的舒适区。

曾经有一名老年抑郁症患者定期参加太极拳课程，在特别抑郁的时候他就感到没有动力，通常需要克服内心很多矛盾与挣扎才能开启一天的计划，而且多数时候完不成计划。这种时候需要降低任务的难度和持续事件，比如每天只进行 5 分钟，每次都采用最基本的太极拳体式。

患者总是会抱怨说“用处不太大”，但患者每天都能坚持。这种“微小的”方法称之为行为激活。通过很小的行为让抑郁症患者重新“复苏”，增强患者的自信心和自尊心，并产生滚雪球效应，让患者拿出更多的努力和行动。而只有在治疗师和家属的帮助下，才可能让雪球滚动起来。

研究表明，以上心理疗法对双相抑郁症有效。但是它们的起效速度不是很快。此外，多摄入健康的食物，少进食垃圾食品，可以帮助患者滋养大脑，调整情绪。良好的睡眠在保持心境平衡方面也有很大的作用。可以通过药物帮助患者获得满意的睡眠。

双相躁狂/轻躁狂的心理干预方法

双相躁狂/轻躁狂症状均具有情绪高涨、精力旺盛和活动增多等外在表现。患者会自我感觉良好，并感觉身体和精神活动富有效率，社交活动增多，说话滔滔不绝，与人过分熟悉，性欲望增强，睡眠需要减少。

老年双相躁狂患者也会显得精力充沛，不受躯体疾病的影响，并可能在躁狂症状的影响下掩盖躯体疾病的症状，延误治疗，需要注意。

轻躁狂与躁狂的区别在于：轻躁狂无精神病性症状，患者情绪高昂的程度不至于造成工作严重受损或引起社会拒绝。而患者在躁狂症状之下的情绪高昂与其所处的环境不协调，在不恰当的场合开玩笑等，可伴有精神病症状，其严重程度达到完全扰乱日常工作和社会活动的程度。

处于躁狂状态的患者，很明显能感受到他的病态，多数情况下家属能够想办法积极主动地联系医生寻求治疗。即使家属不帮忙，患者出现说胡话、惹祸、外走、冲动伤人、伤己的行为，易被人报警，也会被警察送来医院治疗。

处于轻躁狂的患者，大多数识别起来有困难，患者显得对外界的一切都感兴趣，充满好奇心，言语增多，思维反应很快，常常一会儿一个新主意，有各式各样要求完成的计划，是个绝对闲不住的人。

患者的知识、技能、智慧虽然不深刻，但绝不缺乏机智，尽管看不见自己的毛病，但他对别人的错误或不恰当行为却可以一针见血地指出，短暂的接触还会让人感觉这是位有趣的人物，风趣、逗人发笑、聪明、脑子灵、出口成章，使人惊叹不已。

有患者说“我的脑子抹了油”，这就是他思维速度快的内心体验，听起来很像“最佳心情”的意思。

但是，最佳心情使人乐于社交，对外界兴致勃勃，是以固有的爱好为核心，为长远目标服务，与人际关系的增进和工作效率的提高形成良性循环。

轻躁狂患者则相反，他垄断谈话，让别人插不上嘴，或对别人说的话根本没有耐心听下去；他的兴趣过于分散，跟他的人格和职业等相背离；他的计划太多，结果等于没有计划，见异思迁，异想天开，轻举妄动。总之，既破坏了人际关系，也浪费了精力，甚至一事无成。在轻躁狂患者的内心体验中，没有烦恼、苦闷和忧伤，甚至连挫折感都没有，这种心理状态通常持续好几个月甚至更久，而任何一个健康人，无论他心情多么良好，也无法与轻躁狂患者的心情相比。

轻躁狂症状的辨识对于百姓而言有一定的困难。我们呼吁加大对轻躁狂症状的普及宣传力度，希望社会和家庭多多识别和关注轻躁狂症状，这样能避免更多家庭悲剧的发生。

轻躁狂患者通常自信心爆棚，多有投资做生意、炒股等想法，向自己的亲人朋友借钱时说得头头是道，言之有理，亲人朋友倍受感染，易被说服，往往愿意帮忙，而结果却是借出去的钱，泼出去的水，有去无回，损失惨重。过后患者可能受到指责，破坏人际关系。即使亲人出于情义不忍心指责患者，待到轻躁狂转为抑郁状态的时候，患者往往出现后悔、自责、自罪等情绪，通过过度引申和个体化等认知歪曲后，易产生严重的绝望情绪，增加自伤、自杀风险，容易酿成悲剧。

轻躁狂患者可能外走，去做内心所谓的“宏伟事业”，但其一意孤行的行为，结果可能是浪费钱财，一事无成。

垄断谈话、轻举妄动的表现，让患者容易和别人起冲突，惹是生非，肇事肇祸；轻躁狂患者性欲亢进，易患性传播疾病，害人害己；自控能力下降，容易接触酒精、毒品，容易对药物产生依赖，易被不法分子利用、伤害，最终可能会受到法律制裁。

亲人若发现患者处于轻躁狂状态，即便他的思维认知有欠妥之处，也难以通过说教、讨论纠正认知，说服患者令其改变想法。那么，补救方案只有一个，就是斩钉截铁、不要犹豫，利用其乐于帮助别人、想成大事的心理需求，或者哄骗劝说，或者强制送医，寻求专业、系统的药物治疗、物理治疗和心理辅导。

双相情感障碍经过系统的治疗，通常预后较好，不影响生活质量，不造成精神残疾，患者能够进行社交，融入社会，获得正常生活。

附　录

岁月心语·解忧集

1. 为什么有些老年人会变得固执己见？

答：老年人变得固执己见的原因可能是多方面的。

首先，随着年龄的增长，大脑的衰老会影响老年人的认知，导致他们可能会变得偏执和固执。

其次，老年人积累了大量的生活经验，有着自己的固有观念，并总结出了自己的一些处理问题和为人处世的应对技巧，这些经验、观念或是技巧对他们的人生有明显的甚至是很大的帮助，他们天然的认为这些都是对的、都是好的，自己应该把这些教给晚辈，他们也因此成了固执己见的老人。

再次，一个人面对新事物、新观念的学习能力和接受能力会随着年龄的增长而下降，所以也会导致老年人更倾向于坚持自己的原有观点。此外，老年人社交圈子的缩小、与年轻一代有沟通障碍等原因也可能使他们接触新事物和了解年轻人的机会减少，使他们彼此之间的不了解程度加深，因此就会显得老年人十分固执。

2. 如何与固执的老年人沟通？

答：与固执的老年人沟通需要耐心和理解。

首先，要尊重他们的观点，不要轻易否定或批评他们的想法。

其次，可以尝试用事实和数据来引导他们接受新的观念，但要避免过于强硬或咄咄逼人。

再次，也可以通过分享自己的经验和观点，以及倾听老年人的想法和感受，来建立更加平等和尊重的沟通关系。

3. 为什么老年人容易感到沮丧？

答：老年人容易感到沮丧的原因可能有很多。身体机能的下降、生活能力的减弱、社交圈子的缩小等因素都可能使他们感到无助和沮丧。此外，面对亲友的离世、生活的变化、心理情感需求没有被满足，以及对未来的不确定性，他们也可能会感到沮丧和失落。

4. 如何帮助老年人提高自我认同感？

答：帮助老年人提高自我认同感可以通过多种方式实现。

首先，要培养良好的亲情关系，然后肯定他们的成就和贡献，让他们感受到自己的价值和意义。

其次，可以鼓励他们参与社交活动，与同龄人交流分享，增强他们的社交认同。

再次，还可以提供适合他们的学习和娱乐的方式，让他们保持学习和探索的热情，提高自我认同感和生活满意度。

5. 为什么老年人容易出现睡眠障碍？

答：老年人容易出现睡眠障碍的原因可能包括身体机能的下降、夜间尿频、慢性疾病等。

随着年龄的增长、大脑的衰老、神经功能的下降，老年人的睡眠质量可能下降，导致他们难以入睡或难以保证睡眠时间。特别是一些在年轻的时候就有睡眠障碍的人，年龄大了之后，他们的睡眠问题就会更严重。

此外，一些慢性疾病，如心脏病、呼吸系统疾病等也可能影响老年人的睡眠质量。还有一些心理疾病，如焦虑症、抑郁症等也会导致老年人出现睡眠障碍。

6. 如何帮助老年人改善睡眠质量？

答：帮助老年人改善睡眠质量可以从多个方面入手。

首先，需要养成有规律的作息习惯，让他们的身体逐渐适应固定的睡眠时间和起床时间。有些老年人有白天小睡的习惯，这样可以帮助老年人恢复精力和体力，但是如果白天在床上待的时间过长就会影响晚上的睡眠质量，所以白天休息时间尽量在一个小时到一个半小时，而且固定时间段休息。白天不能总是在床上躺着；晚上也不要太早上床去等着睡觉，可以根据自己的身体情况选择一个合适的时间上床睡觉，并且把这个时间固定下来；早上也要固定起床时间，最好醒了就起床，尽量不赖床。

其次，睡眠环境也很重要，卧室最好是独立的，有一个舒适温暖的睡眠环境，房间温度、湿度和光线等都是舒适的；卧室要有一个厚窗帘；不放置电器；没有滴答作响的计时器；绝不能边看电视边睡觉，这些安排都会让老年人更容易入睡，提高睡眠质量。此外，还可以鼓励他们进行适量的运动，要知道，身体素质和睡眠质量是息息相关的。

7. 为什么老年人容易出现情绪失控？

答：老年人容易出现情绪失控的原因，可能包括身体状况的变化、心理压力的积累以及应对能力的减弱。

随着年龄的增长，老年人的身体机能逐渐下降，可能面临各种慢性疾病和疼痛等问题，这些身体状况的变化和不适会导致他们情绪不稳定。

同时，生活中的压力和挑战也可能让他们感到无法应对，导致情绪失控。而且，人的情绪调节能力也会随着大脑的衰老而逐渐下降。

8. 如何帮助老年人控制情绪？

答：帮助老年人控制情绪需要综合考虑多个方面。

首先，可以提供情感支持，让他们感受到家人和朋友的关爱和理解。

其次，可以教他们一些情绪调节技巧，如深呼吸、放松训练等，帮助他们缓解负面情绪。

再次，还可以鼓励他们参加一些集体娱乐活动，如唱歌、跳舞、听音乐、画画、做瑜伽等，这些都可以帮助老年人舒缓情绪和减轻压力。如果老年人出现严重的情绪问题，还是应该去专业的精神或心理医疗机构进行诊疗。

9. 为什么老年人容易出现怀旧情绪?

答：老年时期的心理任务，是要获得完善感和避免失望，容易出现怀旧情绪的原因可能与他们对过去美好时光的怀念和留恋有关。

他们可能经历了许多生活的变迁和挑战，为了避免自己对生活感到厌倦和失望，怀旧成了他们对生活及过去美好回忆的寄托和安慰。对未来的不确定性和对死亡的恐惧，也可能使他们更加珍视过去的回忆。

10. 如何理解并应对老年人的怀旧情绪?

答：我们要理解老年人的怀旧情绪，这是他们正常的心理反应。我们需要给予他们足够的支持和理解，多陪伴和关怀老人。

首先，可以和他们一起回忆那些美好的时光，让他们感受到家人的陪伴和关心。

其次，可以提供一些与怀旧相关的物品，如老照片、老物件等，来触发他们的情感，帮助他们抒发一些不良情绪，同时接纳和理解他们的怀旧情怀。

再次，也要关注他们对未来的需求和恐惧，给予他们足够的支持和安慰，帮助他们积极面对生活的挑战和变化。

11. 老年人得了精神或心理类疾病是否需要长期服药治疗？

答：精神或心理类疾病的治疗时间一般都比较长，比如治疗抑郁症就至少需要服药一年以上，如果疗程不够，就会导致疾病经常性复发，病情会加重。

而老年人治疗精神或心理类疾病的服药时间，往往更长甚至有些老人需要终身服药。这是因为衰老导致老年人的大脑功能整体下降，患病之后经常会难以恢复。

患有高血压、糖尿病等疾病也会导致老年朋友情绪不好。因此，我们经常会看到一些老年人患有精神类疾病后会长期服药，这也是为了提高老年人的生活质量而做出的一种治疗选择。

当然，老年人患病的种类和原因比较复杂，要视具体情况而定，例如，因为躯体疾病导致的精神或心理类疾病，会随着躯体疾病的好转而好转，这种情况可能就不必长期服药。

每位患者患病的种类和原因都不同，应该具体情况具体分析。

12. 老年人服用治疗精神症状或是调整情绪的药物时，需要注意些什么?

答：老年人用药属于特殊人群用药，需要更为慎重。

随着身体机能的老化和一些基础疾病的出现，老年人在服用治疗精神疾病的药物时应特别注意药物的副作用。

例如，服用睡眠类药物时，应预防跌倒的发生；服用抗抑郁类药物时，要特别注意便秘的不良反应，便秘如果不及时改善，可能会在用力排便时引发脑血管等疾病的发生；不能随意停用某些一直在服用的药物，每次看医生时都要和医生详细介绍自己现在所患的身体疾病和一直在吃的药物。

此外，老人晨起或是半夜起夜这些快速改变体位的情况应该尽力避免，因为老年人很容易因动作过快而导致血压的变化，进而出现头昏，甚至摔倒。

最后，提醒老年朋友，在用药过程中一定要注意身体各项指标的检查，和医生保持联系，定期按照医生的要求去医院复诊，这样可以避免很多药物副作用或是因疾病症状变化而导致的不良事件的发生。

13. 痴呆症需要治疗吗，又该怎样治疗？

答：痴呆症的类型很多，常见的痴呆是老年痴呆，专业上称为阿尔茨海默病。

痴呆症的治疗因为病因和临床症状不同，而有一定的差异，总的症状都是认知功能的减退。

开始时老人的记忆力变差，逐渐会发生更多的精神和行为异常症状。目前的研究表明，现在的治疗方法可以在一定程度上延缓疾病的发展，而且越早开始治疗，对大脑的正常组织保护得越多，临床效果也就越好。

相反，如果不及时治疗，患者的记忆力、定向功能、认知能力会进一步恶化，逐渐会出现大量的幻觉、妄想，生活能力下降，这些都会给患者及家属带来极大的生活负担。

14. 老年抑郁症患者有什么特殊的表现吗？

答：老年患者的情感体验不是特别敏锐，一部分老年抑郁症患者的主要症状是身上各种不舒服，我们称为“躯体症状”。

比如，一位老人总是诉说身体不适，去综合医院做了各项器官检查，没有检查出什么严重的问题，或是虽然有一些疾病，但是症状表现却明显更严重，已经超出了疾病本身应有的程度，那么就要注意是不是可能患上了老年抑郁症。

15. 老年人睡眠不好，长期吃安定类药物能行吗？

答：对于偶尔失眠的老年人来说，短期在睡前服用一些助眠药物一般是比较安全的。但是对于连续超过三个月，长期失眠的老年人来说，服用安定类的助眠药物就不是一个好的选择了。

安定类药物实际上是苯二氮卓类药物的一种通俗说法，属于一类镇静催眠药，其中“艾司唑仑”因为可以让服用者快速入睡，并且价格便宜，因此在失眠患者中使用比较频繁。但是如果长期或是过量服用，则会容易造成严重的不良影响。

首先，这类药物一般都会带有肌肉松弛的作用，很多人吃药后会觉得无力，所以老年人服用这类药会增加摔倒后骨折的风险。

其次，这类药物有成瘾和有耐药性的副作用，随着长期服药，药物的效果会越来越差，最终会出现吃了没用，不吃还难受的情况。尤其对于老年人来说，其大脑已经衰老了，身体的各项机能也明显下降，长时间服用安定类药物会大大增加患老年痴呆症的风险。

16. 老年抑郁症患者的家属应该如何护理老人？

答：家属在护理老年抑郁症患者时，需要耐心、理解和支持。

家属可以通过提供情感支持、关注安全、监督服药、鼓励社交活动、保持健康的生活方式和寻求专业帮助等办法，帮助患者缓解抑郁症的症状，提高生活质量。

在护理时，家属应理解患者的痛苦，陪伴他们慢慢变好，其中按时服药是最重要的。

17. 老年人患了精神疾病后，除了药物治疗，还有哪些治疗方法?

答：老年人患了精神疾病后，除了药物治疗之外，还有心理治疗，包括认知行为治疗、心理教育，以及社交支持、生活方式调整等多种治疗方法。

具体选择哪些治疗方法，要根据患者的具体情况和需要来决定。

18. 如何鉴别老年人是正常的记忆力减退还是老年痴呆症?

答：人的记忆力随着年龄的增长而逐渐下降，对事物记忆的清晰程度也会因为事件的重要性和时间的推移而慢慢被淡忘，所以是一种从远到近的遗忘，一般经过提醒都是能够回忆起一部分内容的，这种情况属于正常的记忆力减退现象。

老年痴呆症属于一种疾病，遗忘表现得更严重，是全面的记忆力丧失，患者出现的是由近到远的遗忘，刚刚发生的事情记不清，很多年前的事情反倒可以记得。

老年痴呆症伴随认知能力减退。比如，不认识自己和亲近的家人，无法计算思考等，一些患者会情绪不稳定，突然暴躁、作闹，晚上不睡，还有一些患者会出现幻觉、妄想等表现。

19. 老年人说自己能看见不存在的东西，能听见别人听不到的声音，这是得精神病了吗？

答：如果老年人出现类似幻听、幻视等精神症状时，我们一定要高度重视。

因为随着老年人大脑机能的下降，脑梗死、脑萎缩等脑部器质性病变的发生概率大大更加。脑部器质性病变还会影响大脑代谢，会出现一些身体疾病，也会出现幻觉等精神症状。

所以患者一定要及时就医，进行全面的评估和治疗。

20. 为什么说老年心理疾病具有隐匿性？

答：随着年龄的增长，老年人的机体发生退行性改变，组织器官功能减退，导致其感觉反应迟钝，敏感性差。

因此，很多疾病早期的症状老年人感受不明显，一旦发现就已经很严重了，这样就可能会耽误治疗时机。

有时候老年人出现记忆力减退、情绪低落、思维迟缓，往往会被认为是正常老化现象而被忽视。所以，老年人定期的身体检查和心理评估是非常重要的。

21. 老年人睡得不够深是失眠吗？

答：随着年龄的增长，老年人的睡眠时间和睡眠质量会逐渐减少与下降，这是正常的生理表现。

一般六十五岁以上的老年人，每天睡五个小时到六个小时是合适的睡眠时间。

确诊睡眠障碍的标准是入睡困难，老年人一般入睡时长大于三十分钟；明显的睡眠时间短或是睡眠质量差，每周至少有三次，并且持续一个月以上；整日都担心自己的睡眠问题；因为睡眠不好，而引起的明显的苦恼或影响日常生活等。

只有符合以上症状，才考虑诊断为失眠障碍。

22. 老年人可以吸烟、饮酒么？

答：老年人不建议吸烟、饮酒。

首先，吸烟是导致心血管疾病发病的不良因素。老年人大多患有心血管疾病，而吸烟在极大程度上会加重原有疾病，也会使既往健康的老年人罹患心血管疾病的概率增大。

其次，饮酒会加速老年人记忆力的减退，长期饮酒也会引发酒精性精神失常，甚至导致酒精中毒。而且，吸烟和饮酒会对药物的吸收、作用和药效产生影响。吸烟或饮酒时服药，可能会出现严重的不良反应。

23. 为什么给患痴呆症的父母搬新家，或是改善居住环境，他们的痴呆症状会加重了呢？

答：在长期临床工作中我们发现，很多老年人在搬家或是子女给重新装修、布置房间后，精神症状往往会加重，原因是老年痴呆症患者的认知功能受损比较严重，对于环境的适应和调节能力很差，新环境会让他们觉得无所适从，因此紧张害怕，这样的情绪和心理感受会加重痴呆的症状。

所以老年人的生活环境和护理人员尽量不要发生太大的变化，保持干净、整洁即可，如确实需要更换应该先和父母沟通，尽量得到他们的理解，然后再循序渐进慢慢地换。

24. 老年人总是收集一些没用的东西，甚至是垃圾，这是怎么回事？

答：随着年龄的增长，老年人的大脑功能逐渐衰退，对事物的判断能力减退，当然也和老年人既往的生活状况相关，很多老年人都不舍得扔东西。

但是，如果老人出现过分的收集垃圾的情况，则需要鉴别一下是“过分仔细了”，还是生病了。

在精神疾病诊断中有“阿尔茨海默病痴呆”“囤积症”“强迫症”等，这些疾病都有可能出现过分的收集行为。因此需要家属高度重视，尽快找专业的精神科或心理科医生进行评估。

25. 老年人基础疾病多，还得了痴呆症，治疗好转后停药行不行？

答：痴呆症属于脑部器质性疾病所导致的精神障碍，也就是说，是患者大脑出现了病变，导致其精神行为的异常。

从患病机制来讲，大脑器质性病变难以彻底治愈，因此精神行为的异常难以根治。患者暂时的症状好转并不代表其病情的稳定，一旦停药，病情很快就会复发、加重。

治疗药物需要长期服用，但是可以根据患者的实际情况调整治疗用药。

26. 老年人脑出血或脑梗死后，出现焦虑、抑郁，何时可以开始抗抑郁治疗？

答：具体情况需要具体分析。一般三个月之内的脑出血或是脑梗死的患者不建议大量口服抗抑郁类药物，因为在三个月内，脑部病情还不稳定，发生出血或是缺血的可能性还很大。而抗抑郁类药物一般存在增加出血风险的副作用，所以不建议早期使用。

但如果老年人存在严重的自杀倾向，就要评估治疗与不治疗的利与弊。

如果焦虑、抑郁程度不重，并且患者脑出血之前没有情绪问题，考虑焦虑、抑郁可能是脑出血的伴随症状，那么随着大脑的恢复，患者的情绪也会随之好转，此时可以观察，暂时不用服用抗抑郁类药物。

27. 老年得了精神类疾病，除了服药治疗，在饮食方面有什么禁忌么?

答：老年患者在饮食方面总体来说没有特别的注意事项，饮食符合老年人的营养健康即可，具体原则是多吃低盐、低糖、低脂的食物，以及富含维生素及膳食纤维的食物。值得注意的是，患者服药的时候要避免饮用西柚汁，因为西柚汁与很多种类的药物都会发生相互作用，可能会影响药物的疗效或是增加药物的不良反应。

28. 老年人服用精神类药物时，如果患了感冒，可以服用感冒药么?

答：可以的。老年人免疫力低，难免患有呼吸系统疾病，其中感冒属于上呼吸系统疾病，在老年患者中很常见，因此需要积极治疗。

在服用这些药物的时候，应该遵医嘱治疗，密切观察患者用药的不良反应，以及药物之间的相互作用。

29. 经常能看到老年人在网络上被诈骗的新闻报道，老年人是不是不应该使用智能手机？

答：《2020年老年人互联网生活报告》首次披露，六十岁以上的老年人在互联网上的行为偏好。

报告显示，0.19%的老年人在某资讯APP上的日在线时间超过十小时，全国或有超过十万老年人沉迷于网络。

同样的一些问题随之出现，如针对老年人的互联网诈骗事件；因为长时间不活动，导致老年人骨骼肌肉损伤，或是心血管疾病的发生；因为轻信谣言或是所谓的保健偏方而“赔了钱财、损了健康”；因为老两口一方乐此不疲地上网，另一方倍感孤独，因此加剧家庭矛盾，等等。

这些情况都说明了一个问题，我们的父母需要引导，我们需要为老年人做有效的网络科普教育。

那么，应该如何有效引导？在此我提出以下几点建议：

(1)一定要上正规网站(子女帮助列出)；

(2)不要点任何不熟悉的链接；

(3)财务支出要慎重，需要支出时一定要和子女核实其真实性；

(4)不要加不认识的人，或是长期不联系的人为好友；

(5)不要轻信所谓的偏方或是赠品；

(6)劳逸结合、不能熬夜或是长时间上网(超过一小时应该活动二十分钟)；

(7)不要随意转发未经核实的不明来源的消息。

最后应该明确一点：老年人上网比看电视好，老年人打游戏比浏览网页好。

有研究表明，老年人使用网络，有助于其大脑保持活力，老年人打游戏会降低老年痴呆症的发生率。

网络作为一个交流的平台，可以丰富老年人的世界；可以分享老年人的娱乐生活，交流美食制作、种花、养鱼，能向亲朋好友分享自己的旅游视频；老年人也可以在微信群里发挥余热、帮助邻里，等等。

所以老年人使用互联网不是坏事，但是需要正确引导，这样才能让我们的父母不被时代落下、能够保持健康与活力！

30. 让老年人保持心理健康有什么好的建议吗？

答：要淡化“老年”标签，突破心理限定。

在生活中，有一些关于老年的刻板说法。实际上，现在很多六七十岁的人，无论精力、体态和样貌，看起来并不显老。

所以，老年朋友不要用这些说法来对自己做不良的心理暗示，不要给自己贴上“我老了、我不行了”的标签，要知道，真正的衰老是你认为自己老了！

保持好奇心是对抗衰老的神奇法宝，所以我们无论何时，都应该保持一份好奇，积极地参与到一切新事物中去，不要自我设限。

要保持年轻的心态，忘记年龄，享受生活！

子女也不必过于强调父母的年龄，不必刻意让父母什么也不做，让父母做一些力所能及的事情有利于他们的身心健康。这样与父母相处的模式，会淡化父母年老的感觉。

子女的帮助和引导十分重要，懂事、聪明的子女从来不会直接指出父母的错误，他们会善意的提醒，不厌其烦地帮助和由衷的夸赞，这样才能让父母不自卑，才能赶上时代的脚步。

随着年龄的增长，有些老年人会变得固执守旧，这样会隔离老年人与这个世界的文明与美好。老年人对自己的固执要有所警惕，并尝试改变。

例如，有一位老人，曾经不敢使用智能手机，后来在孩子们的帮助下，终于可以熟练操作了。现在的他不仅可以上网买菜、购物，还可以在网上追剧消遣。老人尝到甜头后，便感叹科技文明给现代人带来的方便。

除此之外，还有些健康的行为也要建立并强化。大脑和肌肉一样，也有“用进废退”的特点。

老年人要多阅读、勤记忆、常用脑，这样不仅会延缓衰老，还有助于丰富精神世界。

老年人要保持良性的社会交往。人是社会性动物，原本就有归属的需要，有与他人交流互动的需要，在交流的过程中大脑得到了锻炼，也有助于预防老年痴呆症的发生。

老年人可以积极参加社区活动，和朋友聊天、下棋、晒太阳等，这样不仅能排解孤独，还能得到他人的理解和支持。如果遇到不开心的事情，也应该及时和家人或是朋友们倾诉。

老年人应多进行户外运动，运动可以促进血液循环，增强肌肉力量，改善情绪和睡眠，对老年人的身心健康都很有好处。而选择合适的锻炼方式很重要，老年人应选择相对舒缓的运动项目，如散步、打太极拳、健身气功等，运动应量力而行。

老年人自己也要学会“不管”，特别是家里人口较多的，儿子、媳妇、孙子一大家人住在一起，难免会出现意见不一致的情况，甚至家庭成员之间会有一些摩擦。老年朋友一定要摆正心态，学会“不管”，知道放手，不当儿孙的保护伞、挡箭牌，不参与小家庭的是非，要知道“难得糊涂”是大智慧。

最后，希望大家都来关注老年人的心理健康，尤其是那些有社交隔离、原有慢性疾病控制不佳、身体不明原因多处不适的老年人，更应该关注其是否罹患心理疾病。

后　记

后记

当今社会，随着人口老龄化的加剧，老年人的心理问题日益凸显，成为全社会关注的焦点。本书从 2021 年 10 月开始创作，历经几年的完善，如今终于能够与读者见面，我们深感欣慰与喜悦，非常荣幸能够将这本可以和老年朋友进行心与心交流的书籍呈现在您的面前。

在编写过程中，我们投入了大量的时间和精力，深入研究老年人的心理需求和心理问题，并结合丰富的实践经验，力求为读者提供全面、实用的心理知识和相关信息。

我们每位编者都是来自临床一线的精神科与心理科医生，在专业领域深耕多年，经验丰富。主编徐佳现任哈尔滨市第一专科医院心理中心主任暨心理睡眠病房主任；副主编刘淑昱、伊凤、梁钧松、杨兆南为精神科职业医师，王阳阳为心理科职业护师，于春岩为心理测查室主任，甄艳春为哈尔滨市精神卫生防治办公室副主任护师。

书中的故事，均来源于临床的真实病例，在征得患者本人同意后经过改编而成文。在记录这些故事的同时，我们也对生命与人性有了更深刻的认识。

本书旨在帮助读者深入了解老年人的心理问题，探索这些心理问题的成因及影响，同时提供较实用的心理疏导方法和专业的建议，力求能够改善老年人不良的心理状态和生活质量。如果读者读后能够有所思、有所感，能够有所共鸣，能够对老年精神与心理疾病，以及患有这些疾病的老年人有更多的了解，知道如何与他们相处，能够体恤他们的痛苦、了解他们的需要，在自己力所能及的范围给予他们更多的关照，那么本书出版的目的就达到了。

感谢哈尔滨工程大学出版社让本书顺利出版！我们相信，这本书将成为您了解老年人心理问题的宝贵参考。衷心希望读者能够通过本书，更加关注老年人的心理健康，为他们提供更多的关心和支持。

让我们携手共进，为老年人的心理健康和幸福生活贡献我们的力量！